《老重庆影像志》

老广告

广告，随商品交换而生，随商业兴旺而盛。

广告，从奴隶制时代的物品叫卖起，一路吆喝下来，旗幌招摇，鼓乐相伴，『歌叫于市，买者欣然』。至近世，声、光、形、色、动……林林总总，形形色色；平面、立体、影视、活物……异彩纷呈，蔚为大观。

老广告，无不印证着经济发展的潮涨潮落，无不唤起你陈年往事的记忆碎片。

张正霞 编著

重庆出版集团 重庆出版社

图书在版编目（CIP）数据

老广告／张正霞编著．—重庆：重庆出版社，2013.6
（老重庆影像志／王川平主编）
ISBN 978-7-229-06523-2

Ⅰ．①老… Ⅱ．①张… Ⅲ．①商业广告－历史－重庆市－图集 Ⅳ．① F713.8-092

中国版本图书馆 CIP 数据核字（2013）第 103895 号

老广告
LAO GUANGGAO

丛书主编	王川平
丛书副主编	邵康庆　刘豫川
编　　著	张正霞
资料提供	重庆图书馆　石　曼　邓晓笳　士　伏

策　　划	郭　宜　邓士伏
责任编辑	郭　宜　夏　添
封面设计	郭　宜　刘　洋
版式设计	郭　宜　夏　添
责任校对	娄亚杰
电脑制作	廖晋华

重庆出版集团 出版
重庆出版社

重庆市南岸区南滨路 162 号 1 幢　邮政编码：400061　http://www.cqph.com
重庆市开源印务有限公司印制
重庆出版集团图书发行有限公司发行
E-MAIL：fxchu@cqph.com　邮购电话：023-61520646
全国新华书店经销

开本：787mm×1092mm　1/16　印张：11.75　字数：237 千
2007 年 11 月第 1 版　2018 年 11 月第 2 次印刷
印数：4001-6000
定价：30.00 元

如有印装质量问题，请向本集团图书发行有限公司调换：023-61520678

版权所有·侵权必究

美麗牌香烟
有美皆備
到處皆宜
華成煙公司
琴祺牌
價廉
物美
CHI CHI CIGARETTES
HWA CHING TOBACCO CO. LTD. SHANGHAI
華成煙公司
滬江照相館
攝影界之權威
綢布呢絨
百貨服裝
華華公司
發行禮券
綢布呢絨
高尚百貨
精製服裝
今日售完
二星期前後的大變遷
屈臣氏疳積花塔餅
提防假冒品傷害兒女身體
行銷中國及南洋各埠
喜歡常吸
請吸金
拍紙簿
夏季櫥窗展覽
SUMMER WINDOW DIPLAYING IN SHANGHAI
金鼠
老牌名煙
盛行最久
華成煙公司出品
美美兒童服裝
物美・價廉・備完
經售全國畫報雜誌新書
代定・代辦・代理發行
服務週到
信用昭著
辦理迅速
保障安全
良友
大地
總經理
MAY MAY COMPANY
司各脫
乳白魚肝油
中國食品公司製造廠
CHINA PRODUCTS FACTORY
整潔衛生
蝦子醬油王
HATAMEN
CIGARETTES

目录 老广告

总序 1

前言 4

古韵沧桑：传统广告

漫声摇播的叫卖广告 8

名副其实的实物招幌 8

寓意深刻的形象招幌 14

自我标榜的文字招幌 20

古韵沧桑的仿单 23

时尚摩登：现代广告

美艳绝伦的月份牌 31

价廉物美的报纸广告 34

城市向导的路牌广告 34

浮华声色的电影、广播广告 39

风起云涌的话剧广告 84

都市窗口的橱窗广告 88

美轮美奂的霓虹灯广告 … 117

欣欣向荣：广告行业

群星灿烂的广告画家 … 118

蓬勃发展的广告公司 … 118

民国时期的广告管理 … 133

形形色色：广告折射的世态

香烟广告背后的故事 … 136

商俗雅趣话招幌 … 139

名人与广告 … 139

后记 … 166

… 173

… 178

勝利牌酒

中國重慶勝利酒廠製造

总序 《老重庆影像志》 王川平

等等方面，尤其是对老重庆的个性与嬗变、老重庆的灵性与魂魄、老重庆的根与源，力图以图文并茂的表述引起读者的注意，与读者作寻根之旅。本丛书的作者与编者，都是从事文物、图书、档案、出版、历史和文化研究等方面工作多年的优秀人选，既有丰富的实际经验，又有专门知识方面的学术积累，并尽可能在文字处理上通俗、生动、准确。丛书使用的两千多张历史照片，许多是第一次公开出版，足见其珍贵和罕见。

重庆是一座具有世界历史与文化价值的城市，对于这一点，笔者在主编该丛书及撰写《老房子》的过程中坚信不移。这不是直辖后的文化自大，而是遵循"实史求是"的原则准确对待重庆历史得出的结论，是依据古为今用的原则建设重庆新文化的需要。可惜的是我们总以为自己的文化家底不够厚，其实是我们现时的努力离目标还有较大的距离。令人高兴的是直辖之初，笔者提出把重庆建设成为与长江上游经济中心相适应的文化中心的文化建设远期目标，已经为越来越多的市民所接受，正在成为这座城市的规划和行动。从这个意义上说，《老重庆影像志》丛书的出版，确实是一件可喜可贺可敬之事。

看着这座古老的城市慢慢长大

尽管重庆直辖才十年，但它却很古老；尽管重庆正以惊世的速度在长高、长壮，但它曾经十分古朴而低矮；尽管重庆一天天在变得靓艳，但它灰蒙蒙而沉甸甸的底色仍存留在记忆之中。当楼房的样式和市民的生活越来越趋于类似的时候，这座城市的文化性格与城市品质就变得像空气和水一样重要和宝贵。

历史与现实就是这样复杂，这样磕磕碰碰。重庆的文化人一方面惊讶于这座城市成长的速度，一方面惊讶于在此速度拉动下消逝了的那些值得保留的东西。这种惊讶同样是复杂和美好的，因为他们不因惊讶而停住手脚，停止思考与行动。眼前这套《老重庆影像志》丛书就是他们这种努力的一部分。

《老重庆影像志》丛书共十本，分别是《老城门》、《老房子》、《老街巷》、《老码头》、《老地图》、《老广告》、《老档案》、《老行当》、《老风尚》和《老钱票》。它们从不同的视角，管窥这座城市的昨天，内容涉及市政变迁、政治演变、经济发展、市井生活、文脉流转传承

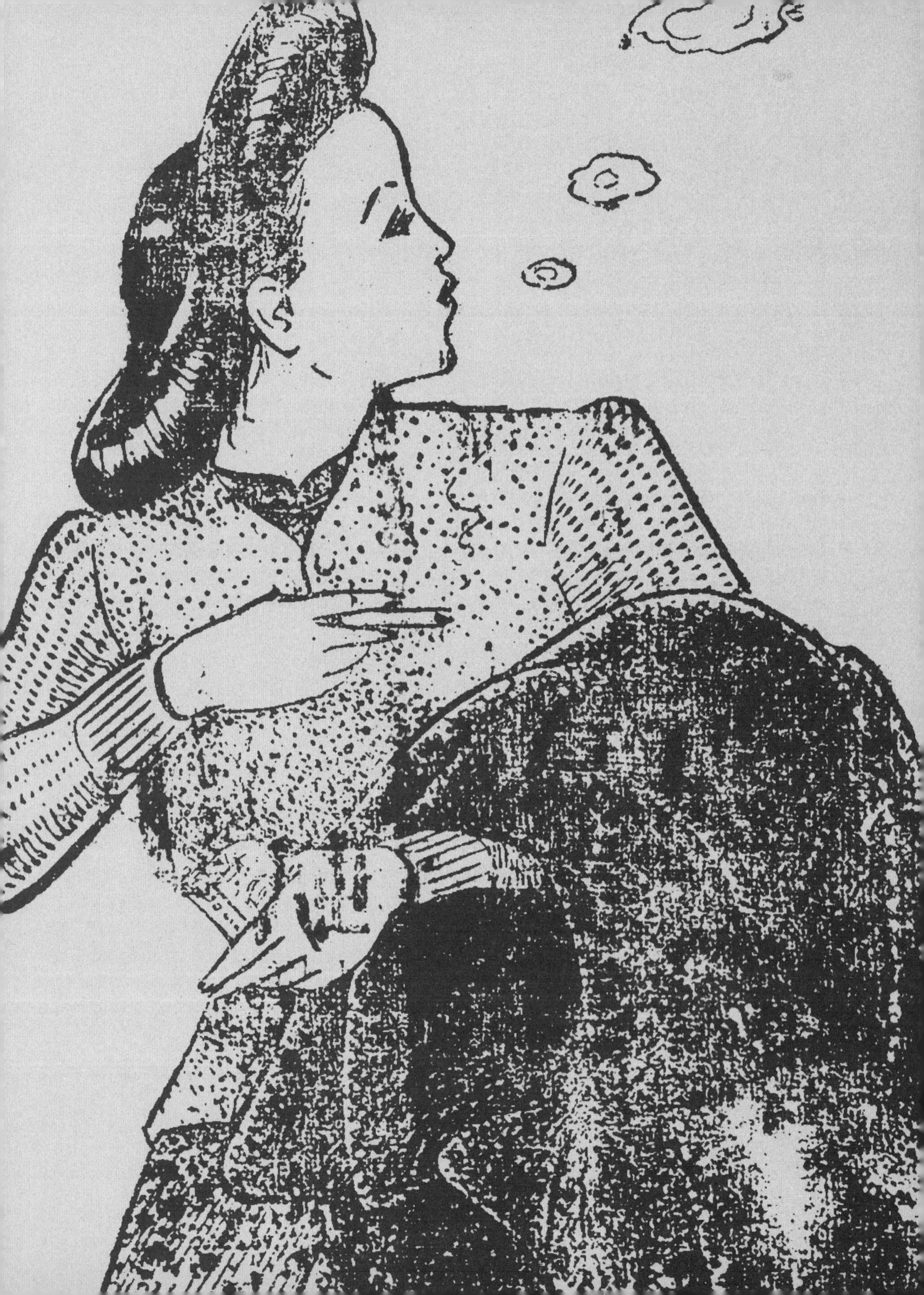

新年又 喜發財 常吸

康君祝 金磚 請吸

金磚牌香

匠吹奏唢呐,长此以往,只要一听到如此声响,人们就知道什么行当来了。

鸦片战争后,尤其是随着西方列强的不断入侵和通商口岸的不断增加,外国商品在中国大肆倾销。为了占领广阔的中国市场,洋商输入了新的、现代的广告宣传手段。从此,中国开始了现代广告业。泱泱中华民族经历了屈辱的鸦片战争,有识之士投身到实业救国的洪流中,他们开工厂、建市场、修马路,尚在少年中的民族工商业迎面遇见的却是资深的外国资本主义。"短兵相接,勇者胜"、"败者寇胜者王"的古训尽人皆知,"用其人之道还治其人之身"。竞争中他们明显感到原始的招数不灵了,诚信勤俭以外,又学会了招摇和吆喝。酒香也怕巷子深,便学那西法,硬是要把店铺开在大马路通衢大道边,把货物一溜儿摆开,显摆,琳琅满目,金招牌银招牌高高挂着。在20世纪30年代,出现了运用新材料、新工艺的广告媒介,如月份牌、报刊、路牌、霓虹灯、橱窗、电影等。由于广告媒介多样化,丰富化,出现了专营广告的商业公司。当社会经济日益发展,广告也伴随着经济发展而不断丰富变化。

广告是商品经济的产物。在原始社会后期,畜牧业和手工业先后从农业中分离出来,社会生产极为丰富。产品出现剩余,产品成为商品,社会出现了商品经济。人们为了把所生产的剩余产品及时卖出去,在来往行人多的路边或人们时常聚集的场地,席地陈列产品以示出售、交换。为了招徕人们的注意,有人开始大胆地吆喝起来,这便产生了最原始、最古老的广告形式——叫卖广告。

进入奴隶社会与封建社会,商业活动日趋频繁,由先前形成的"日中为市",逐步向贸易中心迈进,出现了集市与城镇。工商各业为招徕生意,在店铺前悬挂着幌子与招牌。陈列实物已渐渐演化为卖什么悬挂什么的实物招幌,而后是形象招幌、文字招幌。中药铺门前悬挂一串三角形的木制膏药或一个葫芦模型,以此向人们显示店号、字号及店铺的种类、经营范围,店铺的等级关系。这时期,原始的叫卖形式仍然继续着。为了更好地招徕顾客,吸引人们注意,以期生意更好,走街串巷叫卖的也利用一些能发出声响的器具,响器广告出现了。剃头匠敲着剪子,发出清脆的声音;骟猪匠、骟牛

1891年3月，重庆正式开埠。英商立德乐在陕西街设立立德洋行，雇佣陈锦颜、卢序东、阎春荪、周云浦为买办，收购猪鬃等山货，贩卖洋布等。"美趣时"染店开业，店主高志敏经销德商爱礼司洋行和英商卜内门洋行的染料、颜料，垄断市场，成为川省颜料巨商；"颐中洋行"总经销英美烟草公司的"哈德门"；此后，美国、日本、德国等在重庆开设工厂、矿山、洋行，垄断山货土产，贩卖洋货。1896年，宋育仁在重庆设商务局，兴办各类实业公司，其目的在"保地产占码头、抵制洋货、挽回权利"。川商卢干臣从日本引进火柴生产的化工技术、工艺流程，创办了森昌泰火柴公司。生产硫黄火柴，与德、日、瑞等国的"洋火"抵抗；川商白汉周赴日学习织毛巾技术，回重庆开办了"昌华毛葛巾公司"。1904年10月，重庆成立"总商会"，旨在保护民族资本，抵抗外国资本。"总商会"买下原重庆府署开设商业场，成为重庆繁华的商业中心。从此，重庆成为内陆商业贸易中心。

当重庆成为通商口岸后，外国工商业资本和商品大肆输入到重庆，同时也输入了现代商品的宣传手段。重庆人最早见到的洋广告是街年轻的广告从新闻学中成长、独立成一门新兴的学科，专门研究它的规律、方法及培养专业人才。社会上有了专业的广告队伍。由于广告商业成本低，利润丰厚，同业之间竞争日渐激烈。为了维护行业的秩序，政府制定法律法规来约束行业的无序竞争，出现了广告管理以及相关的管理机构。

重庆经历着中华民族相同的轨迹。公元前6世纪，巴族进入重庆，畜牧业与农业相分离，手工业从农业、畜牧业中分离出来。开始出现最早的商业活动，即物物交换。《华阳国志·巴志》"巴国立于龟亭北岸，今新市里也。"董其祥《巴史新考》："龟亭就是今天巴县的小南海，现在当地船工仍称为'车亭子'。龟亭北岸的冬笋坝，正是巴人立市的新市里。"这里是重庆市场的开始。公元前314年，秦置巴郡，建重庆城，设市场或站、居民区、官府。历经风雨，到清代时，"重庆当二江合流，有舟航运输之利，蜀之西南北旁及康藏以至滇黔之 隅，商货之入输会必于重庆。故重庆者，蜀物所萃，亦四方商贾辐凑地也。"1890年，根据中英《烟台续增专条》正式规定"重庆即准作通商口岸"。

家活跃在广告界。太平洋广告社、现代广告社这样拥有100人以上专业人才的公司有30多家，三五人的"皮包公司"遍地都是。重庆的商业广告日渐丰富，国民政府不得不插手管理。1941年，国民党重庆市政府公布了《重庆市管理广告规则》，开始了有序的管理。抗日战争胜利后，随着国民政府还都南京，重庆的工商业日渐衰落，休戚相关的广告业也日落西山，到1949年，重庆的广告公司已寥寥无几。中华人民共和国建立后，重庆人民政府首先对旧广告进行改造，取缔反动、色情有伤风化的广告，批判地吸收和借鉴了旧中国遗留的广告形式和手段，充实了新内容，倡导民族风格。1951年，重庆市政府设立了广告管理所，制订了《重庆市广告管理规则》。从此，重庆的广告和广告业开始了新篇章。

头宣传和洋货赠送。日商大阪公司刊登在《广益丛报》的添船广告；美商亚细亚火油公司的路牌广告；"省油灯"灯具橱窗广告；英商"秤人牌"香烟的月份牌广告、电影广告。重庆工商业者也不甘落后，在沿袭传统的广告方式时，又借鉴和发展了外国现代广告手段。1906年，重庆出现了最早的报纸广告，滇南回天堂天官牌戒烟丸药广告出现在《广益丛报》上；20年代，"有美皆备，无丽不臻"、"饭后一支烟，赛过活神仙"之类广告词在月份牌、报刊上随处可见；30—40年代，冠生园的月饼广告时常出现在橱窗里；公共汽车的尾部醒目的是"八百壮士"香烟的广告；"重庆鲜牛奶"的霓虹灯广告高高耸立在山城夜空；国民党中央广播电台不断地广播着"国货精品、中国民族品牌华生电扇为您消暑解凉"。重庆时尚摩登的广告文化得益于广告业的发展。重庆商余百货公司广告部的蒲丁侠、高仙白不仅能制作平面广告，还能制作户外广告，设计商场店堂布置、货物陈列等。之后，有专门经营广告的"西南广告公司"。抗日战争时期，重庆的广告业迅速发展并达到鼎盛的黄金时期，高龙生、赵振华等著名的广告画家和工艺设计

古韵沧桑：传统广告

"千里莺啼绿映红，水村山廓酒旗风"，这是唐代诗人杜牧描写酒肆招幌的著名诗句，可见，我国传统广告历史悠久，源远流长。

漫声遥播的叫卖广告

俗话说"卖什么吆喝什么"。直截了当地吆喝所卖之物，是最简单之事。据说，古代的雅典有一种管理日常生活的半官方人物，他经常在大街上叫喊，用语言告诉民众关于货物上市行情。由于条件所限，今日难保留古已远去的叫卖声，但我们依然能从浩如烟海的文学作品中觅到这种广告形式的踪影。孟元老《东京梦华录》："是月季春，万花烂漫，牡丹芍药，棣棠木香，种种上市，卖花者以马竹篮铺排，歌叫之声，清奇可听。"吴自牧《梦粱录》："卖花者以马头竹篮盛之，歌叫于市，买者纷然。"清涂宁舒："酬神几日唱秧苗，看戏人将比户邀。椒眼竹篮珠万颗，声声唤卖紫樱桃。"清末，四川简阳人傅崇矩曾撰《成都通览·七十二行现相图》，形象地描述了七十二行的商人销售方式。"更夫打着灯笼，鸣锣而叫；收荒的挑着担子吆喝；端公一手执扇表演，一手拿着许多成品；卖膏药的打小伞一把，伞之角都挂着一串膏药，口中还吆喝着；卖花生的挑着担子的小贩也是吆喝招揽；线箱子则摇着货郎鼓；卖瓜子花生胡豆者则大声吆喝；卖糖人者则在架上插满了糖人；换椅子的以手做喇叭状；卖皮梁子的一手展示商品，一手持响器而吹奏；卖吹簧者在表演；瓮器担子做大声吆喝状；醋担子肩挑两桶，

清朝末年走街串巷卖翠花的人

剃头挑子

挂着陈醋二字牌；卖咸牛肉的案前插着写有牛肉字样的牌子；卖蒸馍者头顶盘案并吆喝；糖饼摊子架上插着制作精巧的糖模型；卖零星油的敲击梆子类响器；卖白麻糖的颈上悬吊装糖之盒，左手持铁片叶，右手持敲糖之小锤，卖蚊烟者，用板凳肩担，手摇铃号，灯上写着药料蚊烟、卫生蚊烟字样；卖线牌子的，肩立一线牌，如大掌扇形，沿街摇小鼓；换手饰的，身负小木箱沿街呼唤……"

　　重庆挟两江之利，舟楫运输便利，商贾行人云集，自古就宜经商，但因城中道路坎坷，运输不便，深弄里巷多靠肩挑背扛方能到达。那些本钱少，货物一般的贩夫走卒就走街串巷，沿街叫卖，薄利多销，赚点力钱。他们贩卖的往往是蔬菜、水果。民国时期，重庆有两处水果批发地，一是江北沙嘴河，此处是橘子甘蔗的批发地；二是临江门、金紫门，这两处是桃、李、杏、苹果的批发地。那时，重庆靠贩水果过日子的人很多。大水果商人，在河边搭木棚，用船运输大河小河的水果，然后批发给小商贩，俗称"啄燕"。小水果贩从大水果商的船上批发一些水果，本钱要得不多，用具也简单，往往就是一副挑子，挑着水果，也不拘时地在大街小巷沿途叫卖。"李子，相因（便宜）卖，吃了不打瞌睡"；"葡萄，葡萄，相因卖……"，遇见调皮的顽童，乱叫成"红不了，

老广告

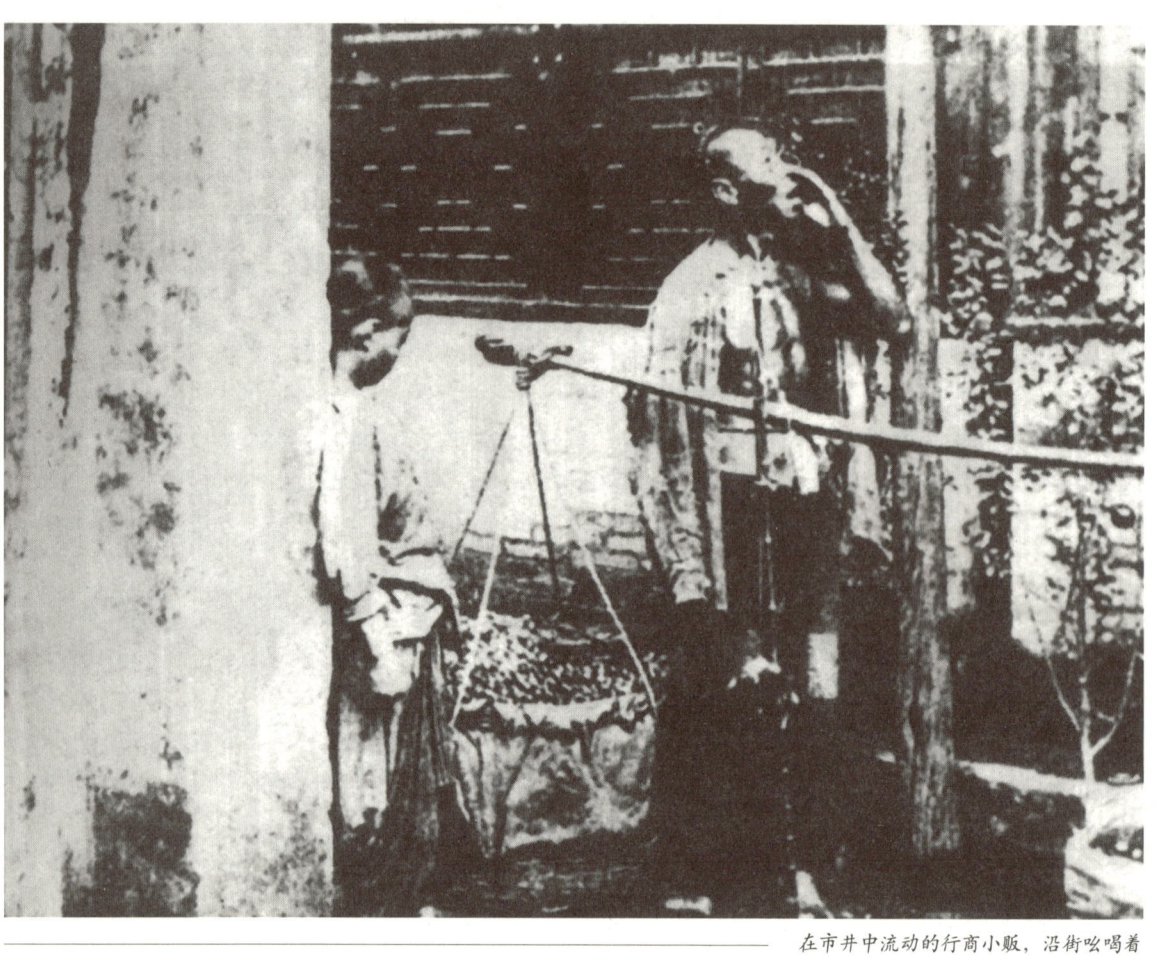

用绘画是绘画一名"为美女"广告和年历机结合的商业化产形式一般"为中间是画"两边"有日历表，画面上或下方印有厂家的广告"，有的上下镶有铜条"，有的仿中国画的装裱方式上

在市井中流动的行商小贩，沿街吆喝着

可怜的街头小贩

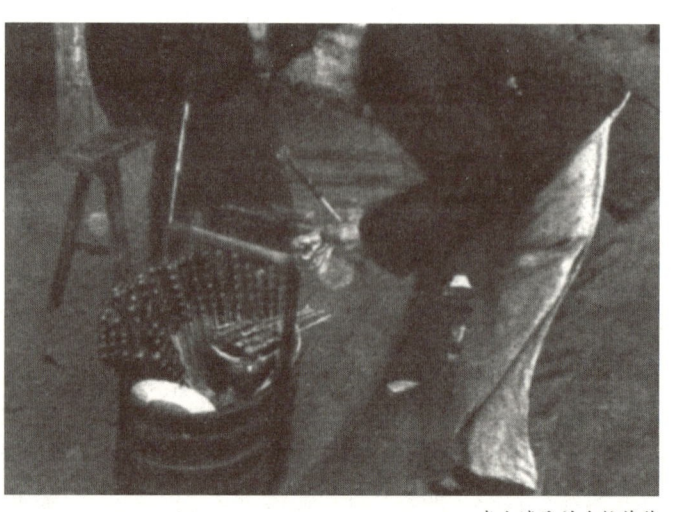

老少皆爱的冰糖葫芦

酸甜解渴的冠生园果子露广告

随身携带的杂货摊

包医百病的走方郎中和举着牌子擦皮鞋的沿街招揽生意

红不了"。

深弄里巷的家庭妇女，只要听见小贩的叫卖声就知道是什么季节了。春季，有提篮叫卖栀子花的；端阳节，街头巷尾，到处有叫卖艾叶菖蒲的；夏季，有沿街叫卖"果子露"、"老荫茶"的。

老辈人记忆的走方郎中，总会出现在重庆城市的小角落里、僻静的街道小巷、乡下赶集的日子。人们一定会见到他们有的肩上挂着褡裢或是手里提着一个什么篮子，有的还背上木箱，手里摇着铜铃，他们口里会喊"妇孺老幼，诸般杂症包治包好"。

让人不能释怀的是卖担担面和炒米糖开水的。卖担担面的，走街串巷，沿街叫卖，前担为炉子和铁罐（吊子），后担为一木柜，屉中分别放着甜水面和抄手，柜上放置瓶碟，满盛作料酱醋，作料多切成细末，另用一小簸担儿，放置当季蔬菜。每煮一碗面，将蔬菜放进沸水中滚一下，放在面里，所有作料

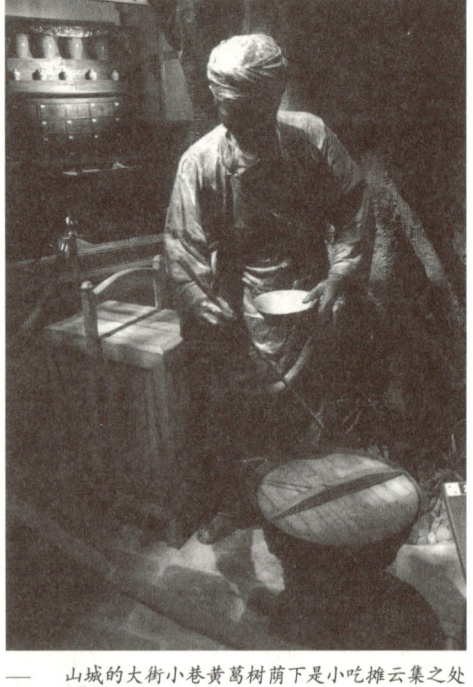

— 山城的大街小巷黄葛树荫下是小吃摊云集之处

一更二点铜锣敲，凉面豆鱼吼声高

抗战胜利的消息传到山城人民的耳朵里，人们便举着条幅在大街上庆祝

渝市街头，擦鞋的小贩在做生意

加一小撮，辣椒和老姜末重重地放，其味鲜辣适口。"担担面"往往一听见食客招呼一声"煮碗面"，立即应声"要得"，寻一平坦地，娴熟地下面，调味，嘴里还不厌其烦地应酬左右，片刻工夫，汤沸面熟，一碗香气四溢的麻辣小面就端到食客手里。卖炒米糖开水的，左提一壶，右携一筐，筐上放置小灯，其事遂毕，或荷小扁杖，前壶而后筐，手提八方寸立体之玻璃罩油灯。壶多有胆，内盛开水，抓一把炒米，放 勺砂糖，壶中开水 冲，在寒风中，喝 碗热气腾腾的炒米糖开水，寒意顿消。"喝炒米糖开水"之声，漫声遥播，叩开了多少深巷里居的门户，唤出了多少童稚小儿。

最让人记忆犹新的就是报童的叫卖声。1945年8月15日凌晨，重庆人听到了报童清脆稚嫩的叫卖声："号外，号外，快来看日本鬼子投降了，日本鬼子投降了。"听到这叫卖声，男女老幼不约而同地走出家门，拥上街头，欢呼雀跃，霎时，欢呼声、鞭炮声此起彼伏。

无论是炎热的夏季或是寒冷的冬天，无论是烈日当空或是繁星满天，无论是通衢大道或是僻静小巷，你都不会害怕孤单寂寞，小商贩不知疲倦的吆喝声，总是漫声遥播，不绝于耳。尽管黑臂章黑面孔的警察不断地驱赶，可那千百的叫卖声仍然此起彼伏，确如"野火烧不尽，春风吹又生"。

经营诸色杂卖，来往于巷陌路口，桥门市井之间的小商贩，他们虽处在社会的底层，却是繁荣经济、活跃市场的生力军。

名副其实的实物招幌

"江上乘船何处客，列肆喧哗占平碛。远来忽去不记州，罢市归船不相识。"这是宋苏辙描写古代巴渝之地肆市商业盛况的诗句。在农业、手工业的推动下，古代巴国商品经济发展，出现了集市，而此时的集市不太固定，往往是"日中为市"，"致天下为民，聚天下之货，交易而退，各得其所"，在集市中陈列实物。春秋之后，商贾分为行商和坐贾。坐贾是储货坐卖的店家，为招徕生意，向社会宣传经营品种、特点、信誉等，店家往往要使用特定的行业标识和标榜手段，这样就出现了中国工商业及其他行业所使用的招幌。招幌形制多样，有的把所卖之物高高地悬挂于屋外，即实物幌，如挂麻，则为白麻店；门口立一巨剪，则为剪刀店；香烛铺常挂木制红漆的大蜡烛模型或刻字的招幌招徕顾客；

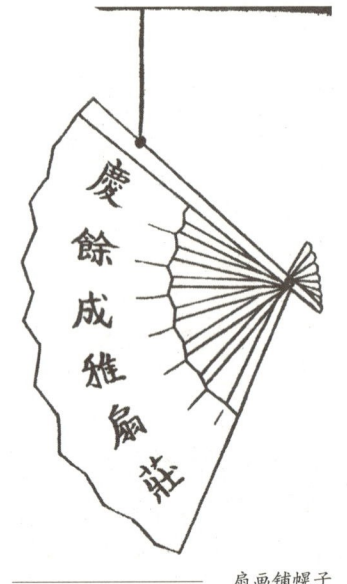

扇画铺幌子

赶集的日子，将自家的"宝贝"摆在热闹处，卖个好价钱

钱庄幌别出心裁，挂一串木制铜钱，有"源流如注"字样，下系红幌绸；烟袋铺门前挂一木制大烟袋。

民国时期，巴县商人许建安创办的桐君阁药店，其门面上悬挂珍禽异兽，昭示此店是药店，药品真材实料。

有饭馆为显示其菜品新鲜齐全，在店门口摆上样品菜。抗战时期，重庆望龙门有家饭店叫"将就吃"，店门口的案板上摆满了各色各样菜品，吸引了许多食客。当食客被热情地招呼进店，点了许多菜，结果却很多菜没有，客人就会流露出不悦，这时，堂倌儿赶紧机灵地推荐几个相近的菜，"鱿鱼发财了（没有了），来个锅粑肉片"，满脸堆笑，边赔不是边说"将就吃"、"将就吃"。常言说"有气不打笑脸人"，客人只好将就吃。久而久之，此饭店就扬名山城。如今在某些地方还能见到如此陈列实物的招幌，特别是经营生禽活鱼的饭馆，门口总会见到鸡笼、鸟笼、鱼缸。

看好咯，决不短斤少两

可怜的老太太，日落时分仍不见买主

重庆古朴的实物招幌还具有地域特色。

民国时期，清晨，在码头江边能见到支架设板，上面搁置脸盆、毛巾、牙刷的摊子，这是重庆特有的"盥洗摊"。重庆的交通运输自古以水路为主，码头较多，但坡度较陡，货物上下全靠搬运，在码头从事搬运的苦力身无长物，生活不便，洗漱无着落。江边居民依靠地势，早晨支架设板，上面搁置脸盆、毛巾、牙刷，专供苦力盥洗，每次洗漱所需费用仅一分钱，摊主竞相兜揽主顾，煞是热闹。

在重庆码头还能见到一实物招牌。一个个的背篼，面上的木板上都放置着一串串的钱，这是民国时期重庆的"换钱摊"。民国二十七年，国民政府发行的法币流入四川，重庆政府规定本地货币与法币以8折兑换。除了门脸装饰豪华的银行可以兑换货币外，在码头，商旅过客多的地方，为方便旅客购物，也出现了"换钱摊"，人称"钱滚子"。"钱滚子"大多是妇女，她们一边大声吆喝，招呼客人，一边快速地计算，往往非常准确，要不就得贴上辛苦不算还得加上老本，遇到这种事，一家人又得喝"西北风"了。

老广告

用作脱逃是绘画，为美女为中间是画，画两边有日历表，画面上或下方印有广告形式一般有的上下镶有铜条，有的仿中国画的装裱方式上家的广告

偷闲喝两口冷酒，解解乏

货比三家不上当

重庆码头上的盥洗摊

月份牌画是绘画（多为美女）、广告和年历相结合的商业化产形式，一般为中间是画面，两边有日历表，画面上或下方印有

倾其所有，一溜排开，我的货色不错

肩挑背扛的人们匆匆地赶向集市，盼着卖出自己的，买回需要的

剪刀铺实物招幌

码头边的换钱摊

老广告

各家的广告形式一般为中间是画,画两边有日历表,画面上或下方印有店家的广告,有的上下镶有铜条,有的仿中国画的装裱方式上

月份牌画是绘画（多为美女）、广告和年历相结合的商业化产形式一般为中间是画面，两边或上下方印有的方式中国画面的装裱方式上画一般为中间是画面，两边有日历表，有的上下还有洞条，有的方印有

衣铺幌子

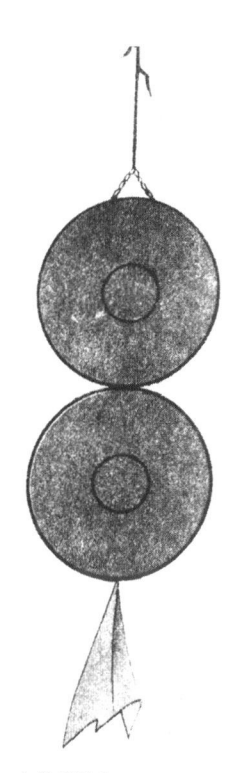

响器铺幌子

店铺门前挂的葫芦实物

农具店的实物陈列

斗笠铺的实物陈列

寓意深刻的形象招幌

在经营中，商人感到有的实物长年放在户外不能经久耐用，有的悬挂起来也不够显眼，有的不宜直观展示，于是便借用与经营项目密切相关的物像为标记，即形象幌。这种招幌具有一定的直观性，颇能引人注目。在漫长的商品经济和社会生活中，已逐渐约定俗成，家喻户晓。人们只要见到门前悬挂物就知道该店的经营项目。如见到门前悬挂的一串三角形膏药便知是中药店；悬挂酒旗或灯笼的便是酒店。酒旗是最具盛名的幌子。韩非《韩非子·外储说右上》"宋人有酤酒者，升概甚平，遇客甚谨，为酒甚美，悬帜甚高著，然酒不售，酒酸。"这可能是最早酒幌的记载。在公元23年，酒幌曾作了帅旗。据说，在宛城东古镇的酒店，刘秀赊"刘记"酒店的幌子为帅旗招募兵卒。刘秀起兵胜利后，封该酒店为"赊酒店"。小说中提到的酒旗也很多。《水浒传》："三个人转弯抹角，来到周桥之下一个潘家有名的酒店，门前挑出望竿，挂着酒旗，漾在空中飘荡"；"武松在路上行了几日……走得肚中饥渴，望见前面有一个酒店，挑着一面招旗在门前，上面写着五个字道：'三碗不过冈'"。

早年重庆的旅馆，无论是繁华市区的宾馆或是乡村的鸡毛店，大多使用灯笼为幌子，这种纸糊成的灯笼，上面写着"未晚先投宿，鸡鸣早看天"的字样，天刚擦黑，灯笼就亮起来，一来供照明，二来为远道之人指引方向。当孤独的你被无边的黑暗笼罩时，那隐约闪烁的灯笼，会带给你怎样的欣喜！抗战时期，著名学者卢冀野到重庆大学任教，向晚投宿在两路口附近的嘉陵宾馆，夜间小贩凄越的叫卖声、床底下老鼠窸窣声，扰得他一宿无眠，只有那"鸡鸣早看天"的灯笼给他些许慰藉，熬过了不眠之夜。天亮了，新买的皮鞋只剩下一只，另一只昨晚已喂饱了饥饿的老鼠。

抗战时期，灯笼不仅作酒肆旅馆的招幌，百货业也常使用，每当节日，商家总会挂灯笼以示庆祝，同时也有减价促销活动采用此方法的。七星岗商社大减价，门前挂三个大红灯笼，四个方灯笼，惹得农村老太太长久驻足观看。

抗战时期的灯笼幌还负有特殊使命。1939年，国民政府内迁重庆，长江三峡天堑挡住了日本鬼子进攻的道路，挫败了日本速歼中国的阴谋。恼羞成怒的日

形式美观的形象招幌

21

抗战时期灯笼招幌的妙用 　　　　　　鸡毛店（客栈）招牌 　　　　　　抗战时期为躲避日机轰炸的报警标志

重庆老火锅幌子 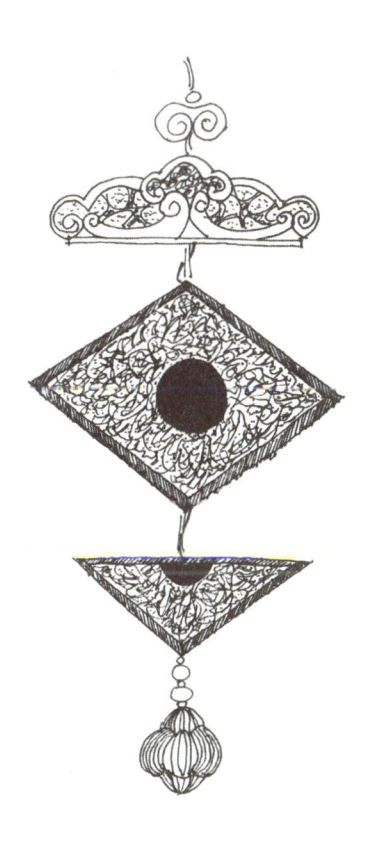　　　　　　中药铺幌子 　　　　　　酒店幌子

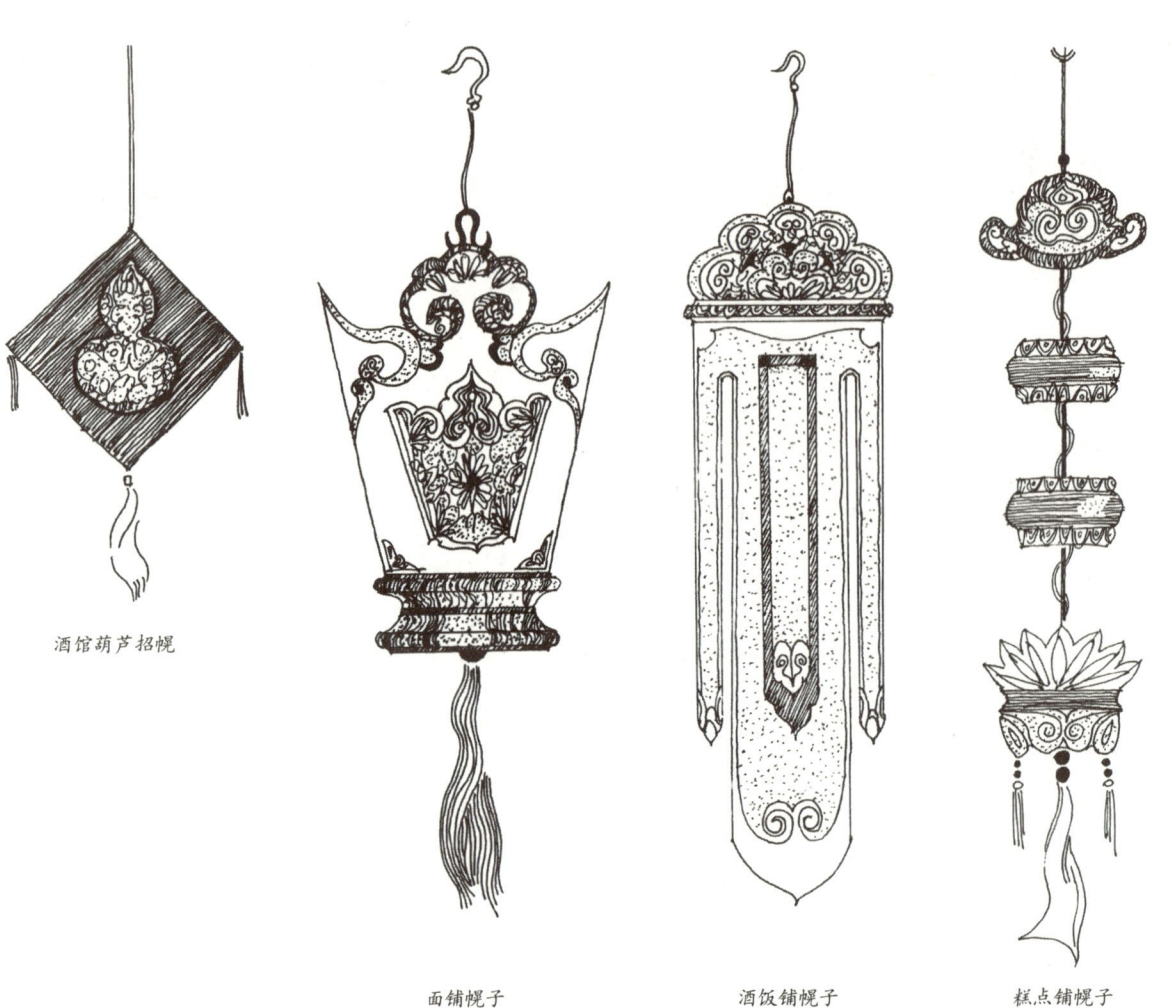

酒馆葫芦招幌　　　　　面铺幌子　　　　　酒饭铺幌子　　　　　糕点铺幌子

本鬼子就对重庆实行惨绝人寰的大轰炸。一时间，哀鸿遍野，浮尸千里。为了挫败敌人的阴谋，国民政府规定以红灯笼为警报，灯笼的数量表示危险的级别。距离重庆最近的敌机机场在武汉，当敌机从武汉起飞时，就挂一个红灯笼，快到重庆时，就挂两个红灯笼，当挂上三个红灯笼时，人们就必须进防空洞了。一年多来，重庆人就伴着红灯笼过着担惊受怕的日子，难怪重庆人条件反射，只要说一句"挂灯笼了"，人人就噤若寒蝉。

自我标榜的文字招幌

　　世间万物千奇百怪，商家经营的项目，有的还真无法以形象表达，就直截了当地用文字写明经营品种、范围、规模、店主的姓氏，如"和记面庄"，这即文字幌。文字幌是中国传统商业中运用最广泛的一种招幌，是商家广告宣传最主要的手段之一。文字幌也是一种原始的招牌，往往以单字、双字简单标示经营类别，如酒店挂有"酒"字的旗帜；茶馆挂一"茶"字幌子；复杂的文字招牌，可表明籍贯、姓氏、经营品种，如"徽州老胡开文笔墨庄"。商品经济发展后，由于商业竞争激烈，一些店铺易主频繁，但店铺的字号却不一定更改，尤其是一些已经创出牌子的商店，因而姓氏字号逐渐减少。大型的、老资格的店铺更多地采用斋、堂、轩、居之类雅号。民国时期，重庆有以裱褙字画、经营金石书画为主业的店，其招牌为"大风堂"、"四宝斋"；有一家徽州人经营文房四宝的，招牌为"徽州老胡开文笔墨庄"。招牌的形制比较复杂，常见的有竖招、横招、坐招和墙招。竖招是将竖写的木牌、铁牌挂于墙、门、柱上。内容多是自我吹嘘之类，如"义中取利"、"普度众生"之类的表白，句式多整齐押韵，如同对联一般。民国时期的桐君阁药房，店堂里就有一副满金抱柱的竖招，左为"修合虽无人见"，右为"诚心自有天知"。今天的街衢市井，也随处可见。"君之薇"火锅店，大门两侧各挂一木牌，左书"闻香下马"，右写"知味停车"。

绸缎铺幌子　　　　　　　　　　　　　　　　　当铺幌子

虎鹿藥酒

梅鹿茸片

官揀人參

暹邏犀角

膏藥鋪幌子

月份牌画是绘画（多为美女）广告和年历相结合的商业化产物，形式一般为中间是画，画面两边有日历表，画面上方或下方印有月份式"画面两边有日历表，画面上方或下方印有

老广告

本號自辦粗細布疋零整批發

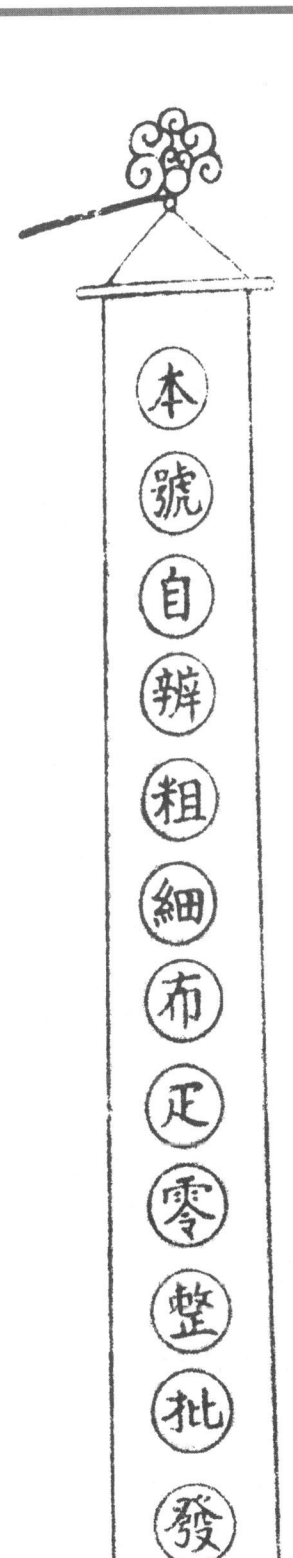

布匹店幌子

清水軒茶館

蔚泰號

民国时期山西票号在重庆的分号蔚泰号横招

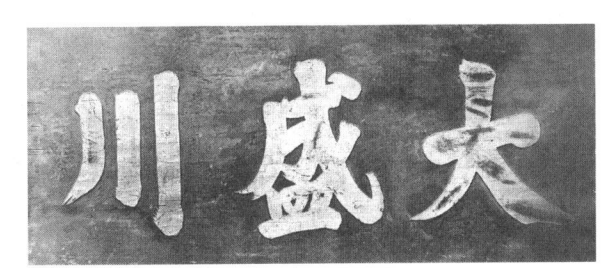

大盛川

民国时期山西票号在重庆的分号大盛川横招

老广告

小巷深处的各式文字招幌

清幽僻静处的茶馆、客栈门前挂着招幌吸引过客

灯笼高挂的"鸡毛店"

古老的街巷里到处都悬挂着风格各异的招幌

横招是在门前牌坊上横题字号，或是在屋檐下悬置巨匾，或将字横向镶嵌于建筑物上。枇杷山正街有一户世代行医的人家，店铺门首上悬置着牌匾"中医少林堂"。坐招是设置在店铺门前或柜台上的招牌。明代以前，坐招是最常见的招牌形式。冠生园老板冼冠生在重庆时，曾请一个擅长书法的人，写了一条幅"真工实料"挂在办公室醒目处，随时提醒自己和职工对产品质量的重视。民国时期的当铺也有使用坐招的，在店堂中间，放置一块底座镂空雕花的木牌，上写一大大的"当"字。墙招是在店墙上书写本店的经营范围和类别，这是广

拉着巨大横幅的文字招幌

琳琅满目的扇画店外景

告的常见形式。清末、民国时期的当铺、酱铺都是在墙上写着"当"、"酱"字。文字招牌的形制和设置方式比较固定，因此，商家往往在文字上玩游戏。一些是在字体、字数上做文章，体面的茶楼、酒肆、饭馆，喜用带古意的篆、隶文字做招牌；有的店主制作了数十字至几十字的字招，如民国时期重庆朝天门附近有家茶馆，请书法高手撰写了"楼外是五百里嘉陵，非道子一枝笔画不来；胸中有几千年历史，凭卢仝七碗茶引起也"牌匾；更可笑的是如此攀比之风竟然刮到政府机关。抗战时期，重庆某机关的招牌名称是"社会部合作事业管理局全国合作社物品供销处重庆市公务员工眷属生产合作推广部"，名称长达三十六字，真可谓天下第一大招牌。

民国初年当铺大门前的坐招和送当的人

民国时期山西票号在重庆的分号日升昌记横招

羊肉馆的字牌招幌

招幌林立的商业区

当铺招牌

生活书店招幌广告

古韵沧桑的仿单

我国自隋唐以来，已有木版印刷，到了宋代，又有雕刻铜版印刷。现存中国博物馆的"济南刘家功夫针铺"的雕刻铜版，是目前发现得最早用作广告的雕刻铜版。不但有"济南刘家功夫针铺"店名，而且有白兔商标。据上海博物馆的陈列说明记载，"在宋代，除了雕木版印刷图书外，也能雕铜版，以便大量印刷之用，例如商店广告和国家纸币的印刷，往往是铜版的。"这块济南刘家功夫针铺的铜版是商家的仿单性质的广告。到了近代，许多中药店，在包各种药材时都有用木刻印刷的仿单，四周有松鹤图案的花边，中间是药名、性能、效用等，这对指导消费者使用药物很有帮助。自古黄金有价药无价，获利较丰，经营医药的商家比较多，竞争也很激烈，为了扩大宣传、防止假冒，药店常常利用传统仿单，上面印有药店堂号、地址等内容，有的在醒目之处赫然写上"老少无欺"、"百年字号"、"仅此一家"等语言，王婆卖瓜，自卖自夸。这样，仿单就具有广告宣传、信誉、防伪的作用。药店仿单的用量大，但保留意义不大，一般都是拆包随手而弃或用来盖药罐、药碗，因此，药店对仿单的印刷、纸张要求不高。纸张是很粗糙的轻薄绵纸（粉莲纸或毛头纸），印刷是用木板雕刻印刷，这样，印刷出来的仿单，字迹模糊，纸质糟糕。到清末时，重庆的"桐君阁药店"改变了仿单的粗糙状况。有经商头脑的巴县商人许建安，眼见利润丰厚的药业一直被外地帮独揽，他就集资在巴县雷公嘴建药厂，厂名为"桐君阁药厂"，主要生产牛黄清心丸、紫血丹、地黄丸、归脾丸。然后，他便在城里开"桐君阁药店"。晚清以来，重庆的药业一直被广东帮和江西帮垄断，已经形成了坚固的行业秩序，初出茅庐的"桐君阁药店"，在经营上困难重重。但在商海中摸爬滚打多年的许建安深知"三分医，七分药"、"治病先治心"之道。于是，他采取一系列的宣传活动。"人靠衣装马靠鞍"，他首先装潢门面，布置店堂，在注目的地方悬挂满金抱柱对联"修合虽无人见，诚心自有天知"一副，同时委托加工仿单，第一批仿单印制出来，许建安一看纸张粗糙、字迹模糊，很不满意。于是，自己在米花街开设"益新"印刷局，采用道林纸或有光颜色纸，用铅印印制，

我国最早的工商业印刷广告——济南刘家功夫针铺

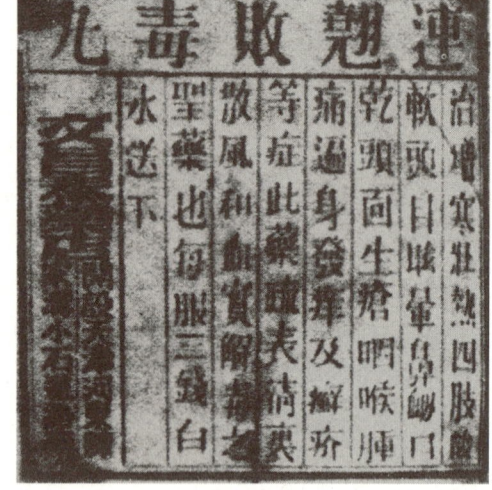

犀羚丹仿单

连翘败毒丸仿单

认准商标，谨防假冒的仿单

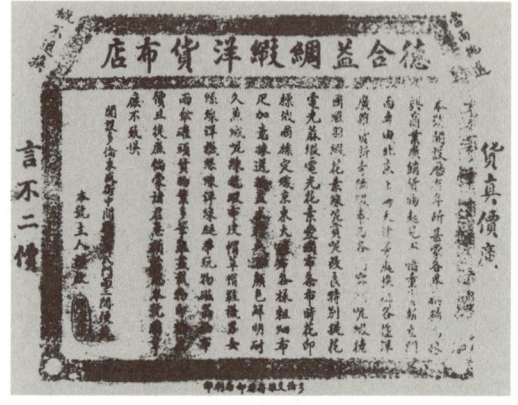

绸庄的仿单

这样印制的仿单、标签，字迹清楚，效果很好。经营多年，许建安愈感国民愚弱，常言说："救人先治愚"。于是，请名医陈玉书编著了《丸药提要》一书，印制了二万多册，凡到"桐君阁药店"买药，就免费赠送一册。该书文字浅显，内容简明扼要，印刷精致，很受欢迎。同业"壶中春"是广东帮中最负盛名的药店，该店也印制仿单，编印生产成品药目录，免费赠送顾客。由于系木刻，纸张又粗糙低劣，字迹模糊不清，其宣传效果不及"桐君阁药店"。都邮街广场光明药房总经销"抑咳水"，印制的仿单比较清楚，而且还绘制了药瓶的平面图，上面有"止咳圣药抑咳水，功效：本品为国产止咳圣剂药。主要功能：扩张气管，减少呼吸气道之分泌物，化顽痰为水，故能发挥化痰止咳，顺气平喘四大功效。主治：伤风、咳嗽、气逆、哮喘、流行性感冒、支气管炎、顽痰不化等症，无不立奏奇效。"

清朝、民国时期，重庆的"伍舒芳膏药店"比较有名气，其仿单不仅有药性、用法等说明，在仿单的背面还加盖了一枚银朱红色印章，印文是"伍舒芳膏、

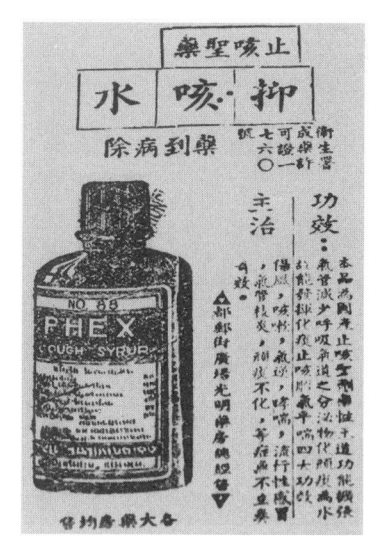

丹、丸、散，誓不传亲友"十二字。

20世纪初，日本人丹在中国肆意倾销，爱国商人黄楚九创制了"仍丹"（人丹）抵制日本的"胡子人丹"。重庆商业场西三街口的"天生元药行"经销国产"仍丹"（人丹），委托竞争铅石印社印制仿单，此仿单较之以往的很不一样。仿单上面绘制了一个腋下挟着"仍丹"（人丹）字样的圆盘、吹着唢呐、敲着鼓的老人，大篇的文字也不是药品性质、用法的说明，而是押韵诙谐的倡议书。全文录制如下，以飨读者。"敲敲鼓，吹吹叫，众同胞，请听到，慢慢谭（谈），好好好。我这仍丹防身宝，遇险症，救急妙，如常服，病稀少，瘟疫症，断绝了，消食毒，精神保，兢商战，实业造，抵外货，利国宝，大众热心，爱国才好，外国仁丹价一角，我国仍丹只卖□仙了，两相比譬，价钱对照，便宜一半，药力更妙。提倡国货，开包零耀，□买三颗，□买一包，真心利本，希图推销，挽回利权，漏卮塞倒，惊劝诸公，试买趁早。"

总之，仿单一般在医药行业使用比较普遍，想是关系身家性命，商家注意责任分明，以供吃官司时证据充分。

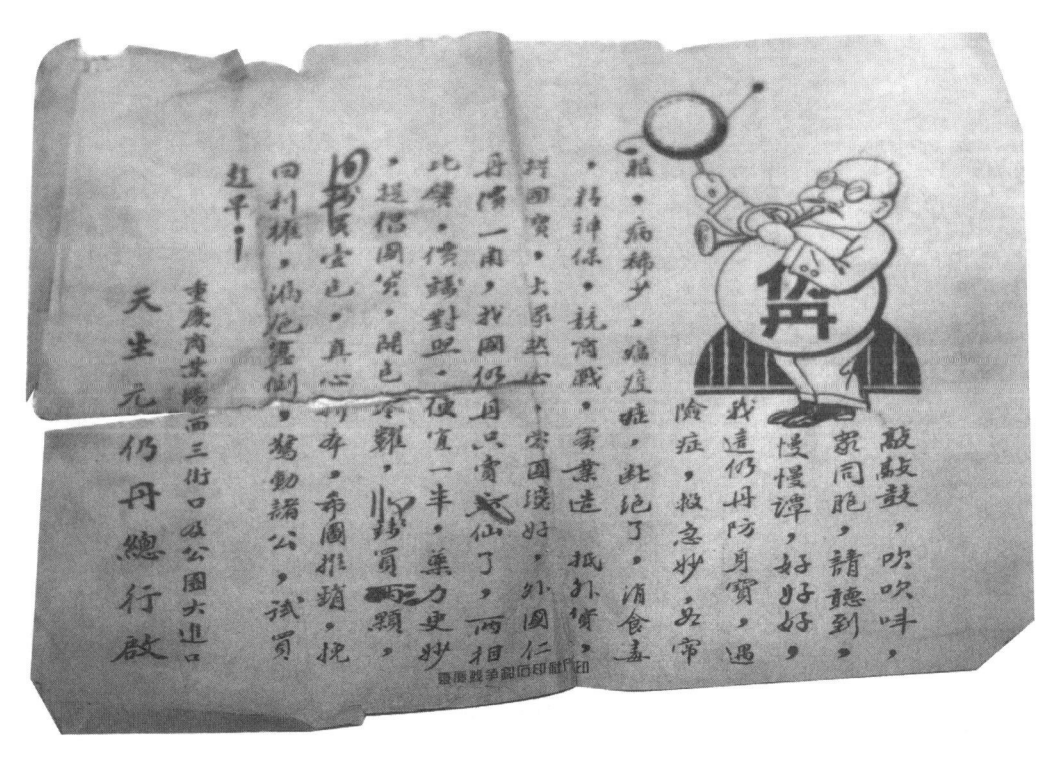

止咳圣药抑咳水仿单

天生元的"仍丹"广告

时尚摩登：现代广告

广告是一定时期社会经济文化的产物，其形制的变化融进了时代的变迁，岁月的踪迹。从传统的招幌、仿单到现代的月份牌、报纸、路牌、电影、橱窗、霓虹灯广告，无不让人留连忘返。

美艳绝伦的月份牌

19世纪末出现的广告形式多样，时尚与摩登成为中国近代广告文化的一大特色。1840年的鸦片战争，帝国主义的洋枪大炮打开了中国闭关锁国的大门后，广州、厦门、上海、宁波、福州"五口通商"，洋房、洋车、洋装、洋布、洋油、洋钉、洋火（火柴）、洋烟、洋马儿（自行车）无一不洋，洋货源源不断地涌入中国，充斥着中国的城市乡村，而留着长辫，身着长袍马褂短衣的"黄皮肤"仍然使用一根灯草，一碗桐油伴天明的祖宗遗物，绝不用那清黄刺鼻的洋油来照明；"黄皮肤"叭嗒叭嗒地吸着黑糊糊的水烟，绝不会碰那手拿大刀，身着奇装异服包装的纸烟。面对漂洋过海运来的煤油、香烟、布匹，"高鼻子蓝眼睛"犯愁了。但他们不愧是17世纪开始搞工业革命、市场经济的老手，他们雇佣喝过洋墨水的"黄皮肤"，出点子想办法，根据中国国情，结合市场营销学、广告学，在中国大地展开了轰轰烈烈的广告宣传。他们从年历下手。年历又叫月份牌，月份牌是民间喜爱之物，几乎家家使用，市场很大，作为广告媒介，影响很广泛。在早期，他们只是印制带有外国美女、骑士、战争与风景的日历节气的月份牌，随商品免费赠送，但"黄皮肤"似乎不太喜欢。后来，他们花重金聘用中国

鲜艳而耐久的阴丹士林布广告

月份牌画是绘画（多为美女）、广告和年历相结合的商业化产物。形式一般为中间是画，画两边"皆日历表"，画面上方或下方印有商家的字号，有的方中国画的表现手法，有的上下裹有洞条，有的方式表现代。

老广告

时尚美女月份牌画

画家，绘制中国人物画、工笔仕女画以及民间木版年画，普通民众比较喜欢，可洋商、有钱人不喜欢。大众虽是潜在的消费者，但购买大户却是有钱人。于是，洋商们又寻找新的、受众更广的方式。画家郑曼陀首先把擦笔画和水彩画技法掺在一起，绘制了最早的时装美女月份牌年画，洋商印刷赠送，很受欢迎。继他之后，出现了新风格的月份牌年画。总之，月份牌画是绘画（多为美女）、广告和年历相结合的商业化产物。形式一般为中间是画，画两边有日历表，画面上或下方印有

有美皆备，无丽不臻的华成美丽牌香烟广告

商家的广告，有的上下镶有铜条，有的仿中国画的装裱方式上有天杆，下有地轴以便悬挂。中国传统的农历纪年法在中国民间有着根深蒂固的影响，最初的月份牌都采用农历、西历并行的形式。月份牌画题材主要是美女，又分为古装美人和时装美人两种。1896年，上海鸿福来票行发行的《沪景开彩图》广告画，是目前所见最早的、正式标明"月份牌"的广告画，为月份牌广告画起源的重要代表。20世纪20年代到30年代，洋人的保险公司、烟草公司利用月份牌大做广告，并聘用专职画家绘画月份牌画。其他企业见其效果好，纷纷效仿。在商家和设计师的精心策划下，东方美女特有的古典神韵和西洋美女肌肤的白皙丰腴完美结合，时尚的发型，剪裁贴切的旗袍、精美的首饰，鲜艳的色彩，无处不流淌着健康美丽和时尚的气韵！时至今日，每每看见这些美丽的广告画都令人赏心悦目。融会了东西方文化的商业广告画对市民的审美情趣产生了极大

的影响。无论外商还是本土工商业者，都随商品免费赠送。香烟业更是如此，不仅随香烟赠送月份牌画，有时还有赠烟券。"哈德门"香烟里的赠券注明："凡持此券赴各纸烟店买大号哈德门香烟拾支装两包即可得赠烟拾支装壹包。良机不再，吸烟诸君，请速购买，并请比较品质及价值。注意：此券只限壹次有效。"小恩小惠物质的利诱，美女画片的精神鸦片，中国人从抵制、排斥，慢慢开始接受、习惯，到后来竟也日渐视为时尚，予以追逐。

随着"重庆即准作通商口岸"，外商的脚步接踵而至。月份牌随洋货流向大西南的城市农村。重庆人最早见到月份牌画是在英美商人免费赠送"秤人牌"香烟里，美丽的月份牌画确实让重庆人开了眼界。之后，英美烟商在重庆成立"颐中烟草公司"，经销"哈德门"、"大炮台"、"翠鸟"牌香烟，每逢年终岁末或推销新牌子，赠品中都能见到漂亮的月份牌画。在20世纪20年代，重庆的香烟市场基本上被英美烟草公司垄断，广东的简氏兄弟俩抱着"实业救国"、"挽回利权"的愿望，创立了"广东南洋烟草公司"，提出"中国人吸中国烟"的口号，在香烟销售领域与英美烟草公司展开经济文化侵略与反侵略的斗争。南洋烟草公司重庆承销商与蒋相臣、李文彬的瑞丰商号一起组织国货卷烟维持会，宣传推销国产香烟，制作大批海报油彩广告，电影玻板，介绍南洋烟草公司生产的"大爱国"、"大长城"、"大喜"牌香烟；介绍上海华成烟草公司的"美丽"、"金鼠"牌香烟。每逢岁末，他们在报刊、路牌上打出十分抢眼的"奉送精美月份牌"的广告，同时，在城市旅馆的每个房间都免费悬挂月份牌画。英国"亚细亚火油公司"在重庆的经销商"昌记英商亚细亚公司重庆总经销处"，每到年终要免费赠送月份牌、年画、日历、日记本作为赠品。1918年，日商为销售"雄鸡牌"毛巾，采取了免费赠送月份牌画的办法。日商的"仁丹（人丹）"、"中将汤"、"大学眼药"等汉方药也巧用月份牌画作广告，行销最久的是大阪森下博药房出品的"神药"，号称"环球无二"。仁丹（人丹）进入中国市场，报纸、印刷品传单、月份牌画等广告铺天盖地。宣传"仁丹（人丹）"主治中暑伤寒、水土不服、腹痛吐泻……简直将仁丹（人丹）吹嘘成灵丹妙药。

誉满中国乡村的英国卜内门公司中国分公司生产的肥田粉广告

中国商人黄楚九经营的龙虎公司生产龙虎人丹，在销售中与日本仁丹（人丹）进行激烈的竞争，不仅用月份牌画宣传，而且雇用儿童传唱"龙虎人丹怀中宝，除百病，有奇效，中国人请服中国人丹"歌曲。不仅在香烟、石油、医药利用月份牌画宣传商品，洋布亦如此。阴丹士林是一种还原染料名称，是德文 Indanthren 的音译词。还原染料耐洗、耐晒，以此染成的布习惯称为阴丹士林布，颜色很多，其中以"大明蓝"最著名。洋布商人为了让国人脱下那土布制成的衣服，大力宣传。发行系列大美人月份牌画，画面大多是身着色泽鲜艳，款式时髦的青年女性，手拿阴丹士林布料，极力盛赞"用此制衣，能增美观"。据洋行统计，四川南部地区的阴丹士林布销售最好。1912 年，"美趣时"染店开业，店主高志敏经销德商爱礼司洋行和英商卜内门洋行的染料、颜料，垄断市场，成为川省颜料巨商。为了推销英国卜内门公司生产的"肥田粉"，他的销售网点遍布乡村，赠送的月份牌也深入千门万户。那色彩艳丽的画面，丰腴美丽的女士怎不令人神清气爽。商家对顾客施以小恩小惠，笼络人心，其风俗流传至今。商品经济发达的浙江仍有送礼的商业习俗。全年在一家商店购货，年终商家送礼物。棉布店送零布、斜条鞋面布；茶叶店送茶叶，另外都要送一张有商店名称、经营项目、年历的年画。

　　洋商洋行将绘画引进广告，开启了广告美术的先河，不仅推销了商品，同时，亦引导了国人的审美情趣，丰富了社会生活。

随香烟赠送的月份牌画

价廉物美的报纸广告

常言说"好酒也怕巷子深"。为了扩大销售,商家利用一切可以宣传的媒介。印刷术的发明和应用,报刊的兴办成全了商家的心思,开创了近代广告的新纪元。据载汉代的郡国在京师设邸(办事处),用以"通奏报,待朝宿",其所抄发的皇帝御旨和臣僚奏议等官方文书和有关的政治情报,此报称为"邸报"。邸报是报纸的雏形,大约始于西汉末年或东汉初年,到了唐代已成为全国发行的新闻刊物,读者主要是官吏。到宋代,已扩展到学者,宋王荆公《读镇南邸报》"凌晨有卖朝报者"的记载。明清之时,出现了公开发行的《京报》,内容和邸报差不多,活字印刷,读者较邸报面宽。嘉庆年间(1815年),英国传教士在马六甲创办的《察世俗每月统计传》为中文期刊之始,其"告贴"即报刊广告,标志中国的广告业进入现代广告时期。道光年间(1833年),广州创办了《东西洋考每月统计传》,雕版印刷、线装。主要宣传基督教教义、传播自然

春节,山城的市民都习惯在自家的大门和窗户上张贴年画或春联,以求来年平安吉祥、大富大贵

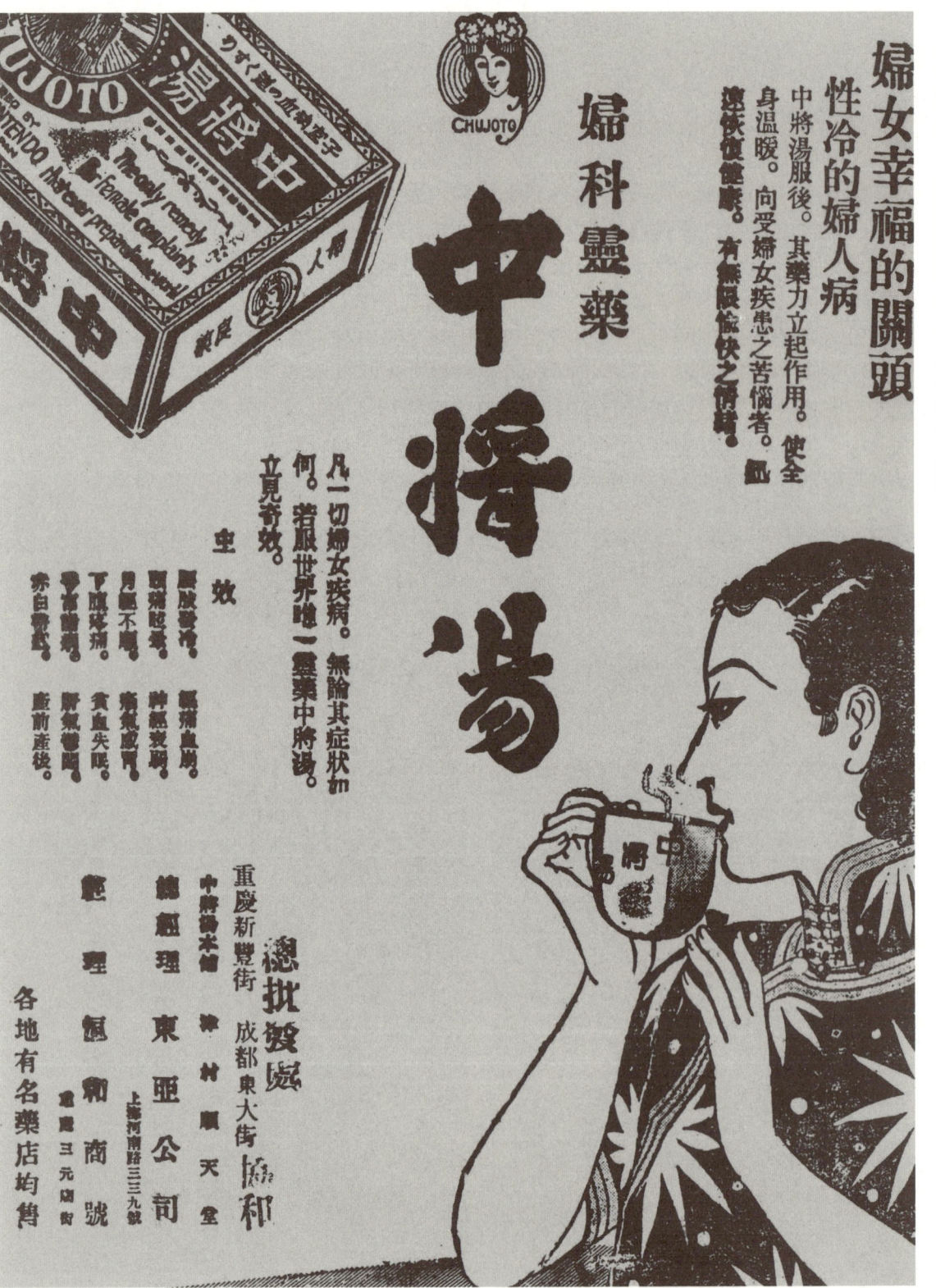

妇女幸福的良药，日本汉方中将汤广告

重庆第一家火柴厂的商标广告

与日货一决雌雄的国货人丹广告

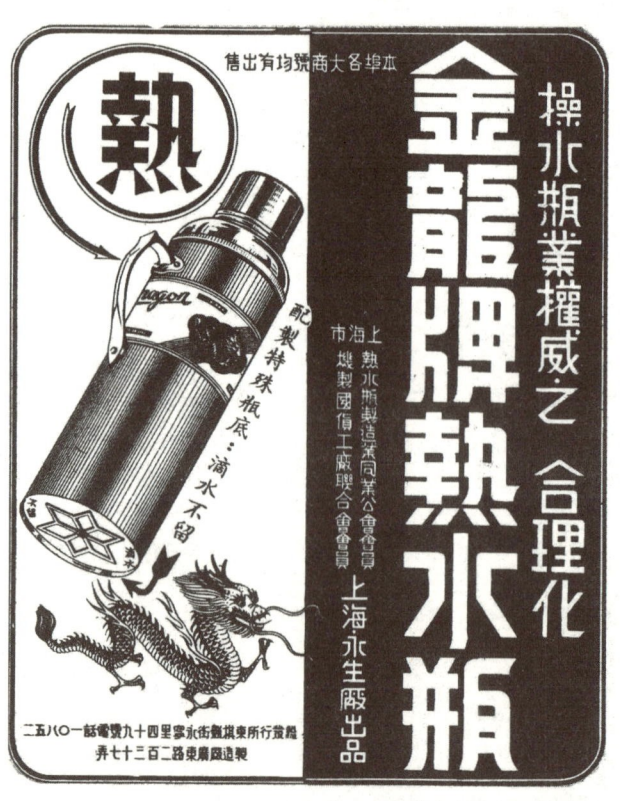

质优价廉的防水手表广告

温暖全家的金龙牌热水瓶

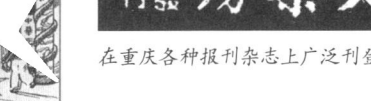

在重庆各种报刊杂志上广泛刊登的广告

科学和社会科学知识、文学知识，刊登"行情物价表"之类的商业信息及商业广告，至此，已开始中国报刊广告的滥觞。1912年，李叔同任上海《太平洋报》主笔，负责文艺、画报副刊、版式及广告编辑工作，首创中国报纸广告图画的形式，李叔同奠定与开拓了中国近代广告文化，兴办报业如雨后春笋般地在全国兴起。

1897年，维新知识分子宋育仁在重庆创办《渝报》。活字印刷，线装，主要刊登时事，附加"渝市行情物价表"。该报是重庆近现代定期报刊的第一家，本着"广见闻，开风气，奋智力"的宗旨。为期一年，一月三期，总出版16期即告停刊。1903年，杨庶堪创办"广收博益"的《广益丛报》，每旬出一册，到1912年，连续九年未断，每年30册，终止于1912年总第287册。广告首次出现在该报，1906年8月9日，刊登了滇南回天宫天官牌戒烟丸药广告、英国永明人寿保险公司广告、广益书局新书广告、重庆鹿菁玻璃厂的商标广告，使用了"谨白"、"告白"、"广告"等术语。滇南回天宫天官牌戒烟丸药广告连续出现在《广益丛报》上，有时，在广告文字间插入一幅图，画上是一位身着长袍，峨冠博带的老者，手中展开的长卷上写着"天官牌戒烟丸"；有时，画面是药厂老板的头像，旁注明"小照式"，头像下面是广告铜版的图版，写明是"此二牌在上海文明书局电镀铜版并于各书局挂号他人不能复制"字样，防止别人假冒。其他广告皆为文字广告，无甚特色。其后，重庆出版了《重庆日报》、《崇实报》、《重庆商务公报》、《新蜀报》、《国民公报》,它们大量地刊登广告,广告收入成为办报的主要来源。这一时期,各报的广告大多为香烟、保险、药品、美孚油等洋商广告。美丰银行内友邦人寿保险公司在"重庆商务日报"的广告词是"20年后竟如何"。德国洋行的"散拿吐瑾"广告词:"商人服之脑筋灵敏获利倍蓰"。报纸广告的价格不太高,《广益丛报》的价格是一页2元,半页1元,1行(四号17字起码)1角。刊登的位置一般在报端、下版、中缝之处;以文字广告为主,同版中的广告版面大小、字体比较搭配,字体一般用宋体,少量的用美术字体。20世纪的20—30年代,报刊广告版面的设计已十分考究,内容穿插有序,安排得当,井井有条。如日本的胡子"仁丹(人丹)"广告,背景为圆形,巧妙地安排商标、仁丹主治、广告词"算来算去还是仁丹利益最大,二一添作五,仁丹进康健……二五得一十,仁丹神效速……"三位女士拿着"仁丹"(人丹),一位女士拿着算盘计算。抗日战争爆发,随着南京、武汉相继失陷,重庆被升格为抗战时期的"陪都",一跃成为国民党统治区政治、经济、文化、军事中心。新闻出版事业提高到全国舆论主导地位,大批的新闻精英来到重庆,大幅度提高了重

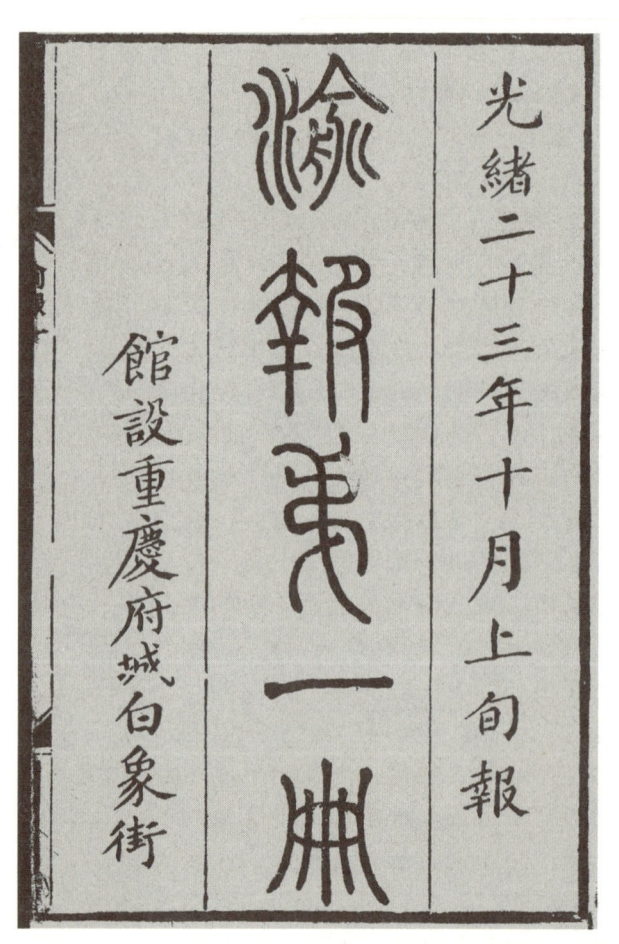

宋育仁先生主办的《渝报》封面

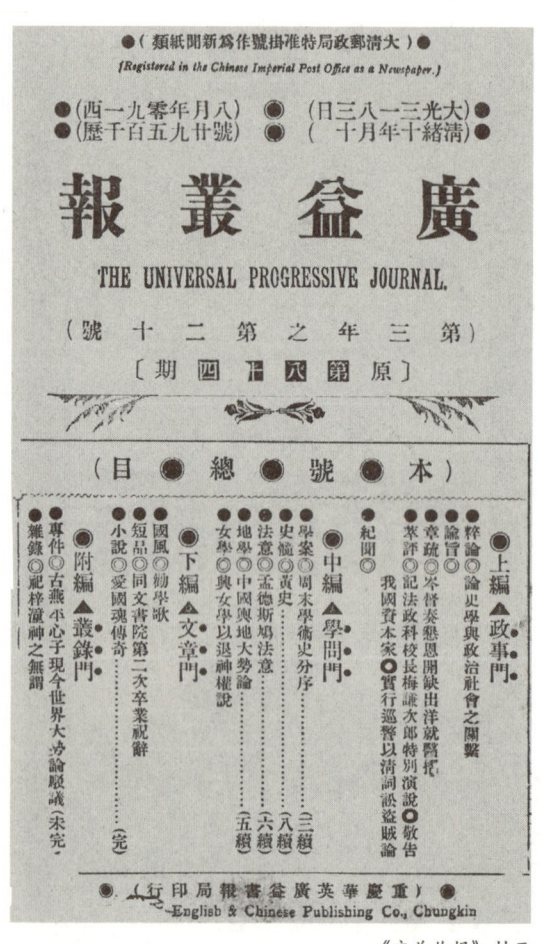

《广益丛报》封面

代售書報廣告

神州日報　全年　定價洋八元
中外日報　全年　定價洋八元
天鐸報　全年　定價洋拾元
時報　全年　定價洋拾元
四川官報　各月　定價洋五元五角
成都日報　全年　定價洋三元
時事報　全年　定價洋十元

新書出售

四川各級審判廳檢察廳平政法部會審檢察廳調度司法警察章程（附警襲地方辦事章程）每冊定價洋銀一角五
大清法規大全正編　每部預約券定價洋銀二角
大清法規大全續編　每部預約券定價洋四元至四十六冊申
現行刑律簡明圖　每部預約券定價洋四元
普通百科大詞典　每部預約券定價洋一元（郵費另加）
文科大詞典　每部預約卷定價四元（郵費另加）
新出法規須知　每部預約卷定價貳元肆角（郵費另加）
新譯琵琶記　每部定價洋五角

以上書報外埠購者郵費另加民局力資自理郵票不收

重慶廣益書局謹白

广告支撑下的《广益丛报》

滇南回天堂天官牌戒烟丸藥廣告

本堂開設湖北漢口湖南岳州又湖北沙市又貴州省城鼓樓王隆昌號又重慶居長江上游現欲開鋪發售俟開張後再將住趾登報

洋烟流毒中國以來戒烟之藥相繼而起疊出疊見多若過江之鯽然考其用藥非用烟灰烟渣即嗎啡和米粉而成是吸烟僅受一毒也本堂有鑒於此特創造天官牌丸藥世以大駝名中外藥料之優劣服丸者自知其妙若子有焉

▲▲滇南回天堂天官牌戒烟丸藥廣告

本堂所售天官牌戒烟丸藥皆有把握其藥雖出自草藥胎方所趣向且也本堂方係家傳不過於戒烟方面無異草藥胎方所確有把握且保不生他病斯為人所難能可貴也先朝廷力圖富強寓禁於徵為今之計欲救戒烟諸君自知其妙難免將跡混珠在所不待贅述但盛名之下夙心環生魚目混珠本堂特為處住趾謹報章傳佈俾有志戒烟者切勿視為流大局告者蓋切不出本堂所傳後圖示仙旨授所售大圖雖非一般洗薑煮竟切不出本堂方非神仙秘授所傳

天官牌丸藥料每兩售錢二百五十　批發薑莊

又穀府省住蕭家巷又重慶居長江上游欽開鋪發售俟開張後將住趾登報　照折價

滇南回天堂天官牌戒烟丸药广告

永明人壽保

欽命二品銜賞戴花翎四川分巡川東
兵備道監督重慶關兼辦通商事宜張

▲告示照登▼

曉諭事照得永明人壽保公司現在重慶設立分行
已准駐渝英領事官函知前來合行出示保護
為此示仰商民人等一體知照毋違特示
右諭通知

光緒三十二年閏四月十一日 告 示

天下之業利最大事最穩計最長者莢如人壽保險尤莢如本公司人壽保險前諸君白言之已詳茲更有為諸君進考本公司創設以來風行四載得利最優是以存積銀元實有四十餘萬善既饒學生更易每年逾利銀元可得息銀九十五分為莫大財源本公司開辦之始曾再三聚集奇才智細為研究凡此種商務每年所收

《广益丛报》人寿保险公司广告

天官牌式戒烟广告

利者誠只得其皮毛也今本堂為杜防假冒起見特向上海文明書局用石印電鍍法將本堂主人小照及天官牌鍍成銅板刷印丸藥封皮外面并附印於後

賜顧諸君務望留神考察凡丸藥外封有此樣天官牌并有此傳單方是真正回天之丸藥又本堂各舖以及分銷話處現經定議每售丸一筒給此傳單一張住明年月及經手圖記　賜顧者千萬認明後開各住址招牌向彼購取方免魚目混珠也

式照小

式牌官天

此二牌在上海文明書局電鍍銅板并於各書局掛號他人不能複製

本堂雲南住蕭家巷
漢口住老官廟沙洋
住河街又貴州省城
銷住王隆昌正順綢
緞莊又重慶住魚市口祥記
錢店又行台對門利順公叙府住大東街
錫昌祥號

回天主人謹啓

天官牌式戒烟广告

重庆鹿蒿玻璃厂商标

美信洋行的汽车广告

庆的新闻报刊水平。重庆的出版业也迅速发达起来，除了本地的报纸外，有南京《新民报》、《南京晚报》、《中央日报》；上海《时事新报》；武汉《扫荡报》、《自由西报》；天津《大公报》、《益世报》，中共在武汉创立的《新华日报》等内迁重庆；新创办《星渝时报》、《西南日报》、《侨声报》、《大陆晚报》。由于报纸多，办报水平较高，读者面广，发小广告费用低，商家都盯上这些媒介。这一时期的报纸广告的内容有戏剧、电影、机电产品、日用工业品、化妆品、药品、食品以及政府通告、公告等；大到整版甚至跨版的专题及祝贺广告，小到寻人、挂失、征婚、租房、个人启事等。报纸广告的表现形式日趋多样，有漫画广告、分类广告、系列广告等。一些别出心裁的广告标题、广告口号、语句和独特的设计排列形式，使报纸广告千姿百态，增强了艺术性和趣味性，受到工商企业和社会各界人士的欢迎。如：杀虫药DDT、美容圣药"换面金丹"、"中医师段伯华"、"柠檬精"、"专治白浊"、"美工堂上演屈原"、"皇家行"、"海鹰"、"民生公司船讯"等饮食、住宿、百货、医药、交通等五花八门的行业广告，间或有警察局招领、新式家庭的离婚启示。《申报》的分类广告做得很好，模型如时钟，圆中心为申报二字，第一圈为刊登广告的收费标准，指针对应不同类的行业，既有文字又有图片，很艺术。这一时期，由于国难当头，重庆为抗战大后方，物资供应紧张，出版业亦艰难。在各报出版困难的时候，国民党当局决

瑾吐拿散

SANATOGEN
The True Tonic-Food

察此商業競爭時代操勝券人獲利豐厚端賴有強健之體魄與精湛之思慮常服散拿瑾吐延年益壽補血養腦身強神粉足經則商營業無不如意此粉又能治病功效尤著治虛弱培養元氣

證書
上海太陰銀行營業主任陳曉嵐先生患肝旺失眠胃呆吐瀉腹瀉奉吐瑾散恙甘除芍強力

柏林華發大藥房精製
美最時洋行經理
中國各大藥房均有出售

商人服之腦筋靈敏獲利倍蓗

服之脑筋灵敏的散拿吐瑾广告

川康殖業銀行

川康殖业银行在商务日报上刊登的广告 春种一粒粟，秋收万颗子，平时即储蓄，积久成富室

恭喜發財不談他眼鏡原來是一家共認精益配光好彼此眼光都不差
精益眼鏡公司
總址：保安路

洞察人世的魔镜，精益眼镜公司漫画广告

老牌子愈配愈精

美華汽水

原料純粹　製水精清　解渴滿意　衛生對象

第一廠魔窟培英二路一四五號
第十國魔窟山中二路一○六號

美華汽水廠出品

美华汽水广告

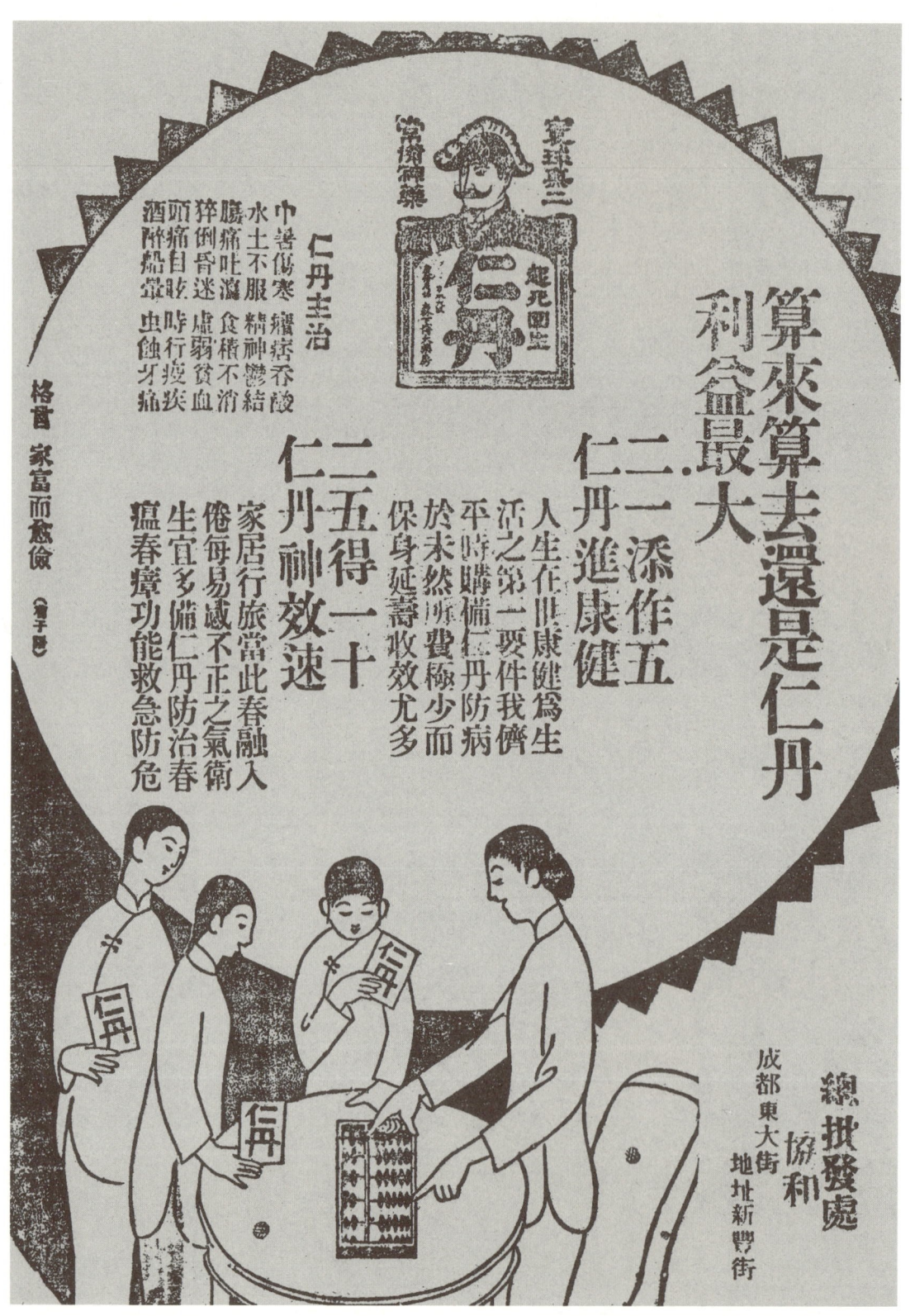

翘着胡须的日本仁丹广告

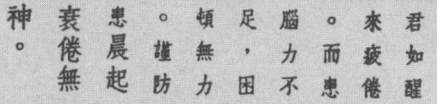

定出版《重庆各报联合版》，蒋介石为此写了手谕。1939年5月6日，联合版出版第一号，报纸纸张大都使用重庆当地生产的土纸。尽管战火纷飞，条件困难，商业萧条，报刊广告活动却没停顿，仍然具有一定的艺术性。纵观所有广告，文字广告仍普遍，只是多采用美术字体，图文并茂的广告比较少。这时期，《新民报》出版的"康小姐"联合广告很富艺术性。康小姐为一交际花，以她的吃、穿、行、玩为主线，介绍了重庆的商家以及经营的品种、商场地址。如"天朗气清，惠风和畅，康家小姐换上新衫，陪了情人同去照相，那家最好，大地庐山（大地摄影社，劝工局街；庐山照相馆，小梁子街）"。1947年元旦节，《重庆新民报晚刊》刊登了太平洋广告社一系列的联合漫画广告。有老同兴酒店、凤祥福银楼广告、福儿片广告、国华瓷器商号广告、恒和祥商行广告、恒义兴袜子广告等共三十幅。每幅广告都很精妙，冠生园陈皮梅广告，广告画面是一瘦子送给一胖子一盒冠生园的陈皮梅。广告词是："元旦亲朋来贺年，陈皮梅子助清谈，想吃糖果再去买，当然还到冠生园。地址：民权路林森路。"寥寥数语交代了陈皮梅的药用价值，冠生园经营的品种、地址。五和织造厂的"鹅"牌衫广告。画面是两只大白鹅围绕着中间的"鹅牌"衫交谈，广告词很押韵，读来琅琅上口。"鹅兄鹅弟相见谈，元旦气候实在寒，我辈绒

将见睡眠更酣，醒来神足终日精力充沛的好立克药广告

清凉爽心的青鸟牌冰精

衣虽然暖，不如本牌卫生衫。五和织造厂出品，百货公司有售。"

从抗战到建国前，重庆的广告业处于中国广告的鼎盛时期。浏览这一时期的报刊广告，唯香烟广告最多也最艺术。我国的卷烟业伴随着洋烟的竞争而兴起。港沪沦陷，天赐重庆卷烟业有了发展机会。据统计，1943年，重庆的卷烟厂有72家，竞争激烈，销路日愁月忧，大烟厂拼命登广告，小烟厂用唱花鼓戏的方式以广招徕。经常在报纸见到"海鹰"、"八百壮士"、"银行牌"、"美吉时"、"胜利塔"、"爱的家"、"101"、"天字第一号"、"鸣鸡牌"、"普鲁士"、"自由花"、"祈福"、"白金龙"、"爱月牌"、"特使"、"吉而喜"、"柠檬"、"新立克"等牌香烟广告。

据统计，市面香烟品牌不下两千余种，当产品每有滞销，厂家必出新牌来吸引消费者，于是，烟牌千奇百怪。别看报上香烟牌子

1943年在重庆《戏剧月报》上刊登的《法西斯细菌》等剧本广告

（供图：石曼）

力弗肝药广告

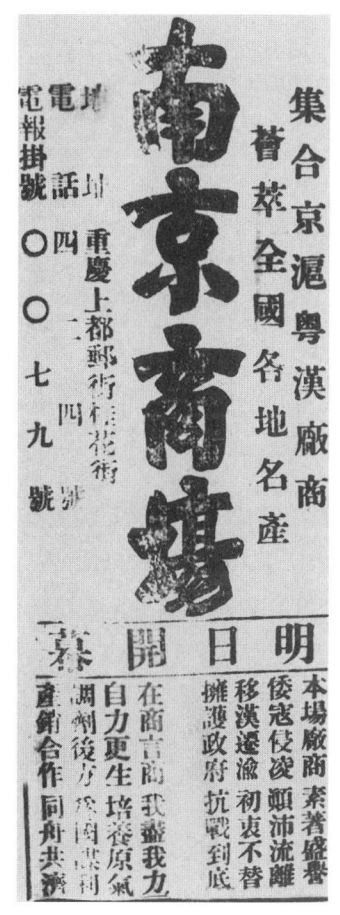

1938年开张的重庆最大的南京商场，位于都邮街（供图：石曼）

多，其实有些是同一厂家的不同品牌。由于竞争残酷，烟厂朝不保夕，商家利用人们喜新厌旧心理，经常变化牌子，有的是与时俱进，追赶时尚，变化牌子；有的是对某一事件进行纪念，推出印有纪念性的品牌。总之，解放前的卷烟厂家经常使用这些办法来促销。到建国前，重庆的香烟广告仍占主流，图案更艺术，特别是大城烟草公司的"八百壮士"，大运烟厂的"海鹰"牌更为突出。"八百壮士"的广告主要刊登在《重庆新民报晚刊》、《陪都晚报》上，时间集中在一个月，每天以新的画面出现，并配有简短的文字，如画面是骑着高头大马的一军人被群众夹道欢迎的场面，文字是"壮士高歌过市，万人空巷欢迎"。更难能见到的是著名画家高龙生的一组"八百壮士"连环漫画广告。连环画广告曾出现在《北平旅行指南》一书中。北京的老字号聚顺和果脯店，将果脯蜜饯的选料、冲洗、晾晒的整个制作过程，请艺人捏成泥塑拍成照片，标上简洁的说明，出重金刊登在《北平旅行指南》上，编排成一组八幅照片广告。30年代，上海一家"老"牌灯泡厂在报纸上登了一则题为《王先生买灯泡上当》的六幅连环画广告。连环画成为大家喜闻乐见的广告形式，使得越来越多的商家在做

——"壮士高歌过市,万人空巷欢迎"的八百壮士香烟广告

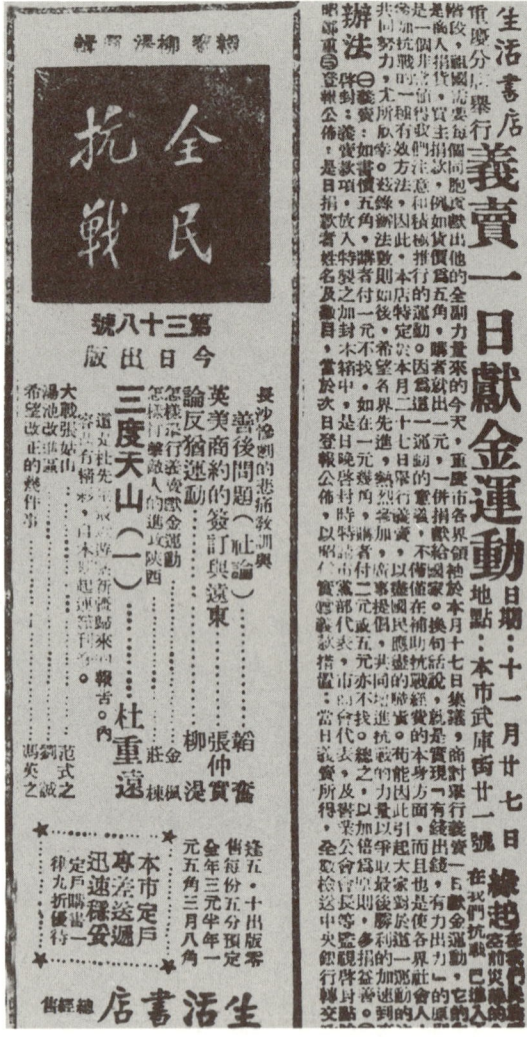

邹韬奋主编的著名刊物《全民抗战》出版及生活书店义卖一日献金的广告(供图:石曼)

九龙时装行广告

誉满山城的海鹰牌香烟广告

广告的时候选择使用它。高龙生先生祖籍山东，早年在天津从事香烟广告画工作，抗战时期迁移重庆，继续活跃在美术界。高先生擅长漫画，1947年，高先生以漫画连环画的形式，以八百壮士抗日的事迹为题材，创作了题为"八百壮士日记"的一系列漫画故事，连续刊登在1947年3月份的《重庆新民报晚刊》，每天一幅四格，很具趣味性和故事性，吸引了很多人，吸烟的和不吸烟的，为了看高先生的连环漫画，争相购买"八百壮士"牌香烟，一时间，"八百壮士"的销量大增，名声更大。抗战胜利后，中国香烟市场又被美货占领，民族工业也陷入危难之中，"八百壮士"为了抗击外来香烟，一面通过广告占领市场，一面变化促销方式，报上常见到其刊登的启示："全壳烟盒兑换彩色铅笔"。"海鹰"牌香烟亦是重庆香烟广告中的大户。"海鹰"的老板抗战时期滞留长沙，四万元起家，辛苦地支撑着"海鸥"牌香烟，经过五次失败后，辗转迁移到重庆，在山城拥有了像样的卷烟厂，即"大运烟厂"；拥有了新式卷烟机器8部，每天出售十大箱，50万支；拥有了自己印制包装的印刷厂。"海鹰"在《重庆新民报晚刊》、《陪都晚报》等重庆主要报纸上刊登广告，在一段时间里，"海鹰"以不同的画面，不同的广告词集中宣传，如1948年11月份，"海鹰"的广告是以其海鹰为标志，广告词和画面每天不同。如：画面是一只展翅飞翔的海鹰，广告词是"誉满山城，海鹰蔽天"；还有的画面是一对时髦亲密的青年男女，身后各自牵着一匹骏马，广告词是"春郊骏马后，名烟倍芬芳"，这些广告画面很吸引人眼球，效果很好。

到1947年初,美货横行霸道,重庆的香烟业与其他行业一样格外萧条,烟厂由160多家锐减到40余家,月余也供不了五千箱香烟。国产烟销路一落千丈,不得已想尽招揽花样,什么"爱国请用国货"、"吸国产香烟盒盒有彩,彩彩不空",可吸了半年也难得奖一次,瘾客对此类政治香烟已不感兴趣。为了吸引注意,"海鹰"变化广告方式,经常在报上发表启示。如1947年11月13日在《陪都晚报》的启示:"海鹰牌香烟,大运烟厂出品,登香烟改良出品紧要启示。本厂向以服务人群增益国税为宗旨,所产海鹰牌香烟行销以来,风行遐迩,深得各界一致好评,乃有不肖之徒唯利是图,伪制滥造蒙混销售,致爱吸本牌香烟诸君深受其害。至此,歉疚兹为杜绝假冒起见特作紧急改良如下:一、烟枝吸头改用上海电刻钢印海鹰羽毛"海鹰牌"香烟;烟头精美细致并改用茶红色以资识别。二、锡纸钢印花纹商标即以废除,以免减少锡纸保潮效力。三、拣选纯上等烟叶并重金聘任优良化验药师及卷烟技师,藉谋精益求精的以护爱吸本牌香烟诸君之雅意。"

冠生园是一家食品企业,1915年由冼冠生创办于上海,后发展到北京、天津、重庆。冠生园在发展中一直视广告宣传为重要的手段,其别出心裁的广告宣传促进了企业的发展,成为竞争激烈的商业市场中的强者。食品点心行业,节日是商家赚钱的大好机会,每年的中秋节便是如此。食品厂在中秋前几个月就开始准备和制作各式月饼,同时做广告。由于是传

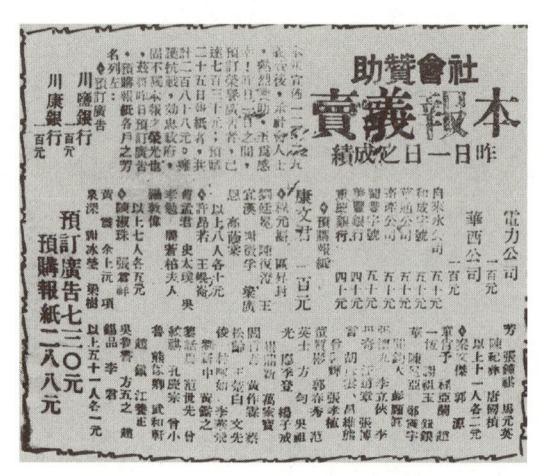

重庆《新民报》1938年12月15日举行义卖报纸一日捐献国家。有康文君女士以一百元(含黄金二两,今人民币二万元)购报一份。此为《新民报》义卖报纸结果的广告。

(供图:石曼)

春郊驰马后,名烟倍芬芳的广告

冠生園麥麩餅广告

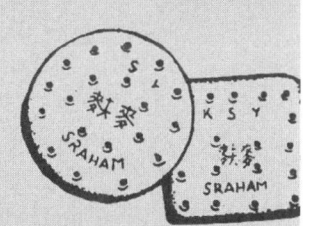

统行业，厂家按照老式方法烘烤，月饼总是偏嫩焦黄，冠生园琢磨出新方法烘烤，避免了这个缺点，在报纸上刊登广告，特别强调科学烘焙，冠生园有了好的声誉后，销量大增。冠生园从广告中尝到了甜头，就常在报刊上做广告，平时做小广告，如老朋友天天见面，在节日或有新品出现时就用引人注目的大版广告。1947年中秋节，冠生园利用各大报纸大事宣传其新产品"银河映月"（蛋黄月饼）的特色，并采取"买一送一"的手段，即买一盒月饼赠送一张"赏月游览券"。在中秋之夜，凭券可免费搭乘冠生园租用的几艘轮渡去吴淞口赏月。经此宣传，售出的月饼达10多万盒，收入10多万元，而赏月的车船费还不到一千元。动荡的1949年"中秋节"，商家们想抓住佳节做生意，并计划好好赚一笔，糖果店中摆满了广式、火腿、豆沙的月饼和粽子，可购者寥寥，而冠生园的情况却不尽然，销售的广式粽子太俏，经常脱销。

利用报纸作舆论宣传工具，以制造悬念的广告效应，体现了广告创意水平的提高，注重了受众心理。1918年，面对英美烟草公司在华倾销烟草的态势，黄楚九创办的福昌烟公司计划推出"小囡牌"香烟，以抵制英美烟公司的"婴孩牌"。第一天，上海《新闻报》等主要媒体同时登了一个红色的大鸡蛋，第二天，福昌公司刊出"小囡"牌出生请大家吃红鸡蛋。这一创意利用了悬念与民俗结合，深入人心，使"小囡"牌香烟一下子家喻户晓，取得了很好的广告效应。重庆这一时期的报刊广告水平有很大提高。《陪都晚报》1947年9月1日，在广告栏，出现了"莎乐美（卷土重来），

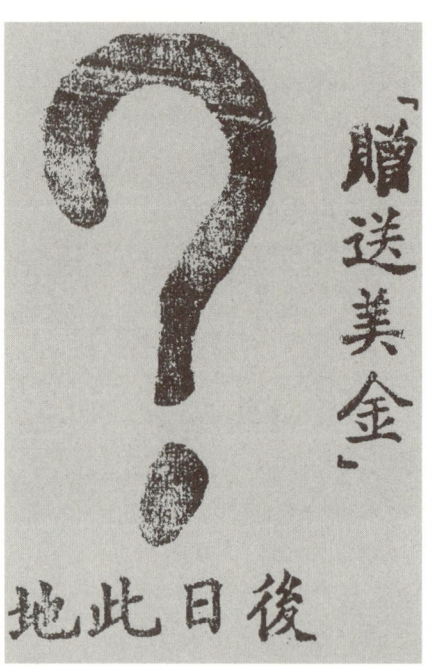

后日此地会给你惊喜 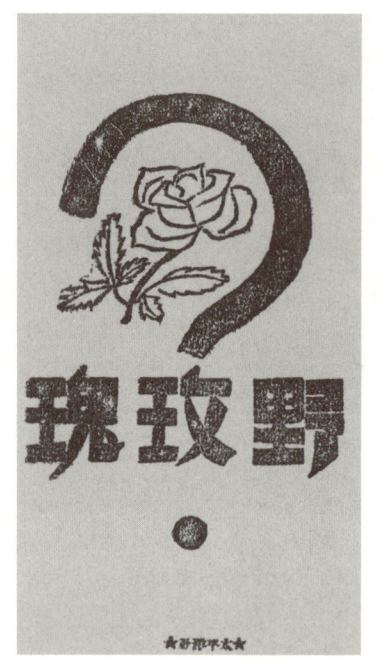　　　　野玫瑰送给谁 　　　　哦，原来是野玫瑰香烟广告

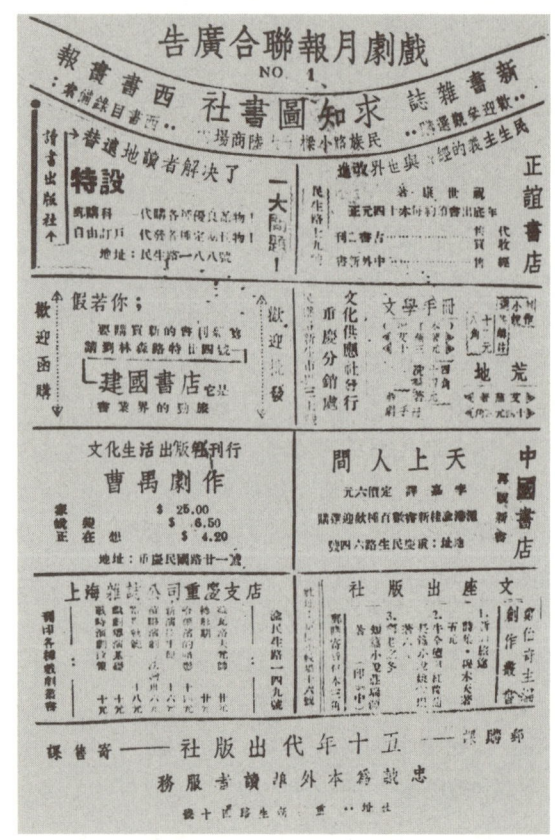

请密切注意"的文字，其他什么都没有。2号亦如此，3号亦如此，4号亦如此，5号广告栏出现文字："莎乐美，不日与各界见面，请大家密切注意"。到9月18日，在广告栏出现了文字："请吸卷土重来之莎乐美香烟，隆重应市，沁香馥郁，风格别具，各大烟厂均有经售，百合卷烟厂荣誉出品"，很

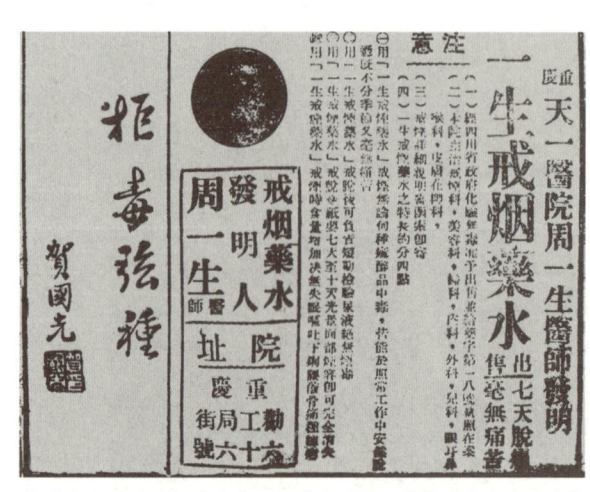

1945年刊于《戏剧月报》上的联合广告图书销售广告（供图：石曼）

抗战初期重庆吸烟者众多，此为当时戒烟药水的广告。左为市长贺国光题辞（供图：石曼）

《大公报》1938年12月1日迁渝出版启事（供图：石曼）

绵竹曲酒广告

抗战期间畅销重庆的维他命酱油广告（供图：石曼）

是悬念，取了一个洋名字，让人着实牵挂。"野玫瑰"牌香烟更是有趣，在报纸的广告栏登一个"野玫瑰？"，第二天，才出现"野玫瑰"牌香烟的广告。因为当时，重庆上演了一部话剧《野玫瑰》，在各界引起很大争议，该广告利用人们注意的热点来作广告。有商家更有意思，通过社会局刊登广告，"玉人"商行已登记注册，不日将开张作生意，开张之日将如何优惠酬宾。人们等啊等，早已超过了开张日期，仍然不见"玉人"商行开张，社会局只好登报向市民解释，疑为商家是哗众取宠。更有新奇的广告，重庆某公司竟用向顾客道歉的启事，以招徕生意，颇具匠心。1947年3月22日，《重庆新民报晚刊》登义记久华园餐馆鸣谢启事，全文照录如下，以飨读者。"启者敝园昨日开幕，辱承社会贤达同业先进高轩莅止宠锡隆貺云情高谊，感荷良殷，只以招待未周，有失迎候，深以为歉，谨此登报申谢。敬希。义记久华园餐馆谨启。地址：沧白路三十三号（即炮台街十号）"。十足的开业广告，真是此地无银三百两。

由于报纸具有广泛的地理分布面和读者群，截稿时限较短，利用报纸刊登广告成为广告业的擎天柱。但是，报纸印刷使用的高速轮转印刷机，又是印在较粗糙的木浆纸上，致使任何精致的照片或绘画也无法得到满意的再现效果，而且，对于阶层也有局限，不能影响到不识字的群众，因此，需要一些别的广告媒介。

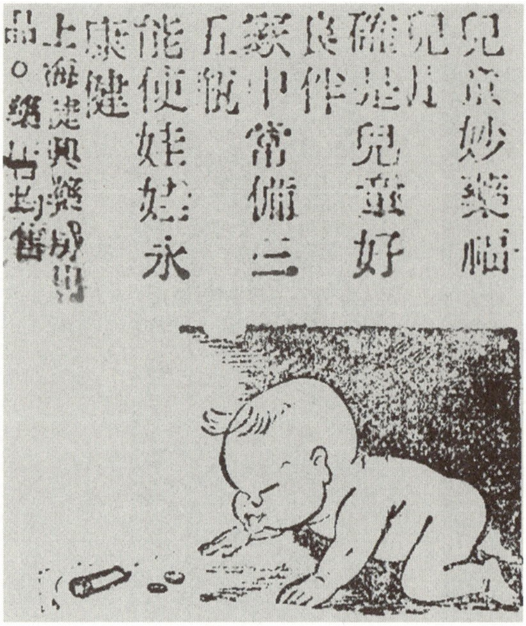

老广告

儿病妙药服
儿片碓是良伴
良伴兒童好
疑中常備三
五恆中常備
能使娃姑永
康健
品。上海继兴药房出品

福儿片广告

佛人全裝
人男女
生鋪要裝
銷器
牌國華瓷
國華瓷號
貨色又好
又便宜
民族路會仙橋

老字号国华瓷器商号广告

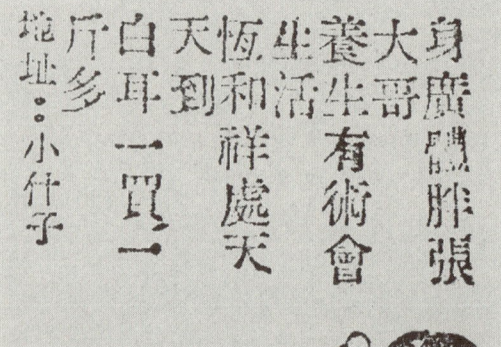

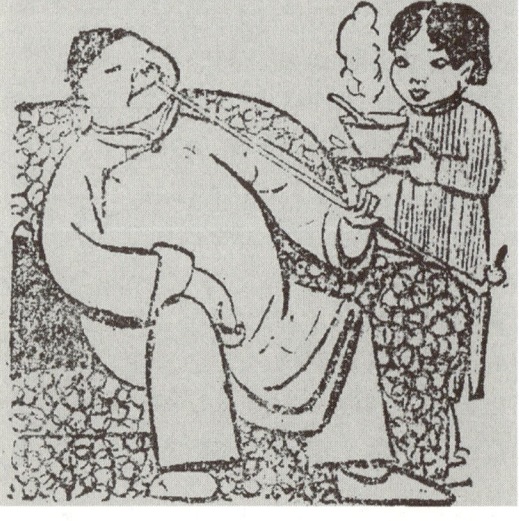

身廣體胖張
大哥生活有術會
養生有術會
生活到天
恆和祥處
天到
白耳一買一
斤多
地址：小什子

促销白耳的广告

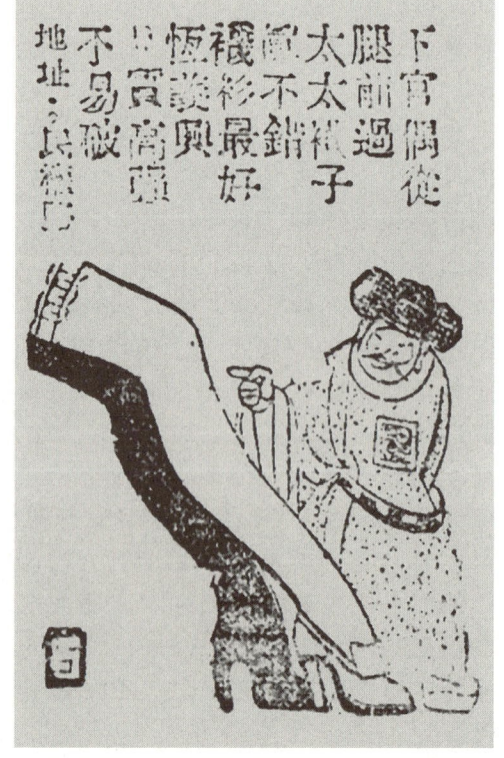

下官俩從
太太襪子
腿前過
襪滋不錯
恆義興最好
且宜商頭
不易破
地址：上槽口

恒义兴生产的美腿袜子

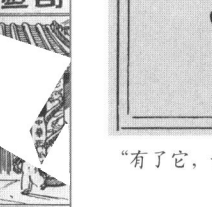

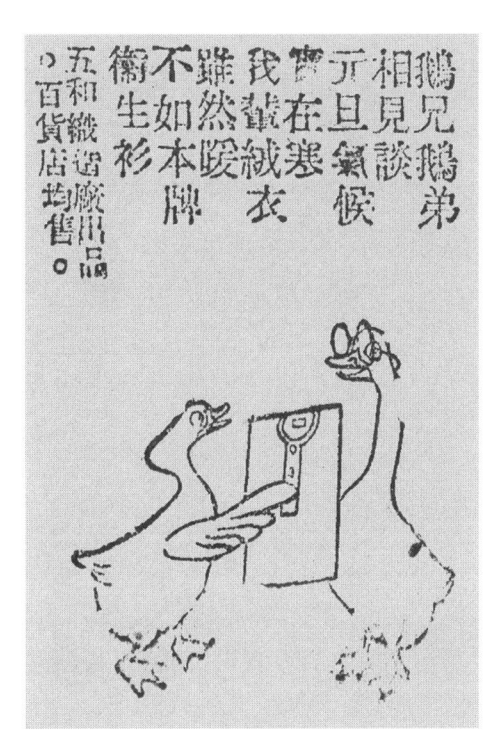

冠生园陈皮梅子广告：元旦观朋 来贺年 陈皮梅子谈谈 想吃再去买 助消粽菓子 冠生园当然遇到 牌楼林立路

鹅牌卫生衫广告：鹅兄鹅弟 元旦相见谈谈 寒气实在 我跣然截本绒衣 卫生衫不如鹅牌 五和织造厂出品 百货店均售。

"有了它，世界都小了"电话公司广告

您的朋友 對於 您的電話 很看重的

您的電話的價值，大多數要給您要好的朋友所享受的。

SHANGHAI TELEPHONE COMPANY

本公司職員皆可為君效勞 或詢本公司營業處亦可
（電話）
○九○四九

条分缕析的申报分类广告

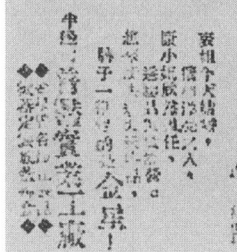

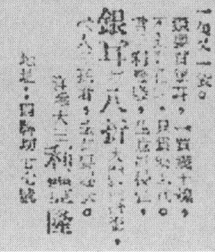

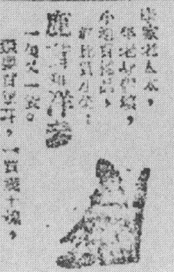

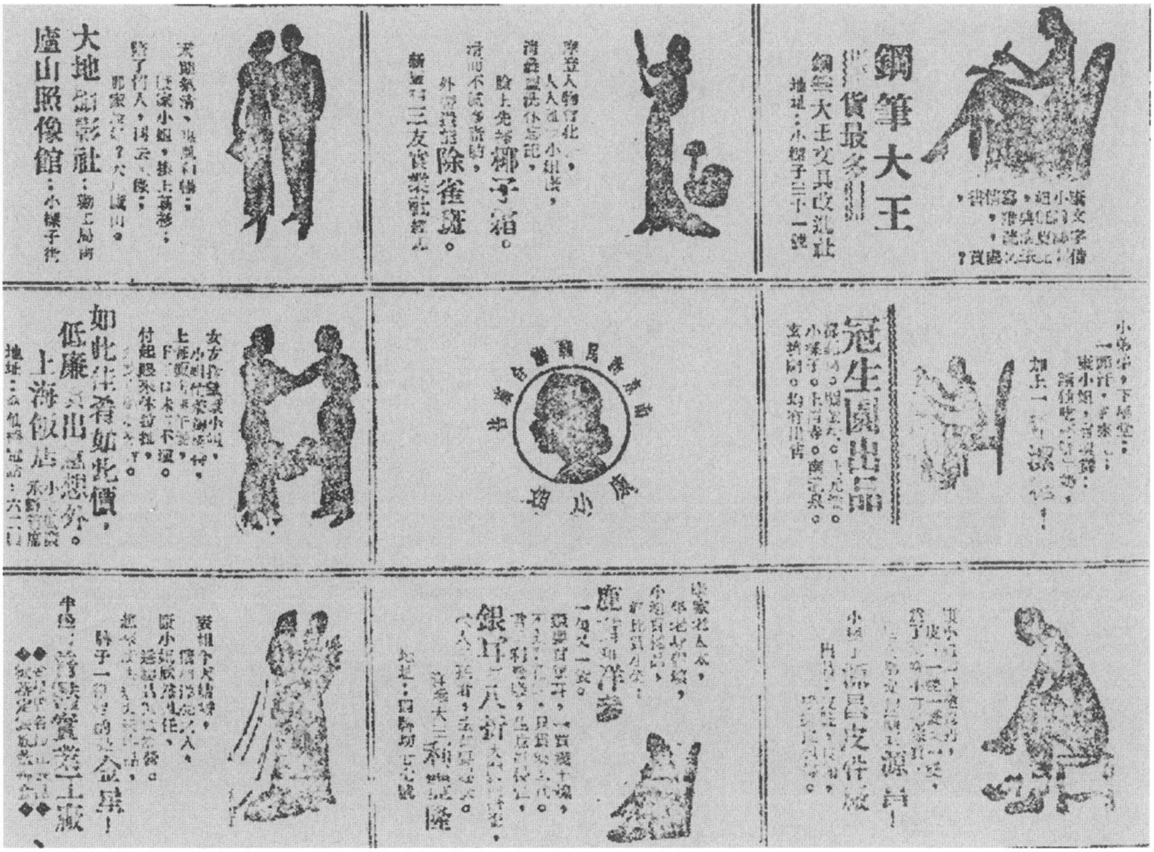

《新民报》联合报纸广告"康小姐"

油光可鉴 　　　　华东鞋油广告　　　　新潮的离婚启事

購買時請注意洗衣圖保單

價目
麻紗 紅牌 每碼祇售五角
麻紡 綠牌 每碼祇售四角五分
綸紡 黑牌 每碼祇售四角

各大棉布洋貨號均有出售

色如退落

包退包換

完全在上海本廠製造

本公司為中國最大之印花布製造廠

永不褪色之皇家行的綸昌布料廣告

國產名牌之海鷹牌香煙廣告

海鷹
·大運煙廠新型出品·

老广告

形式一般为中间是画，画两边有日历表，画面上或下方印有家的广告，有的上下镶有铜条，有的仿中国画的装裱方式上

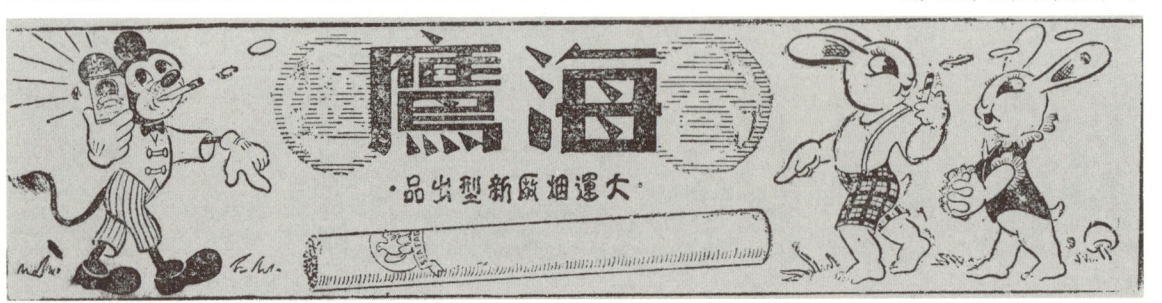

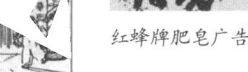

月份牌画是绘画、广告和年历相结合的商业化户家的广告一般为中间是画画两边有日历表，中国画面的方中国画面的表现下方式有间条前的方式印有

红蜂牌肥皂广告

使人美若天仙的换面金丹广告

招领小孩

重庆警察局招领小孩启事

万里香牌护肤品广告

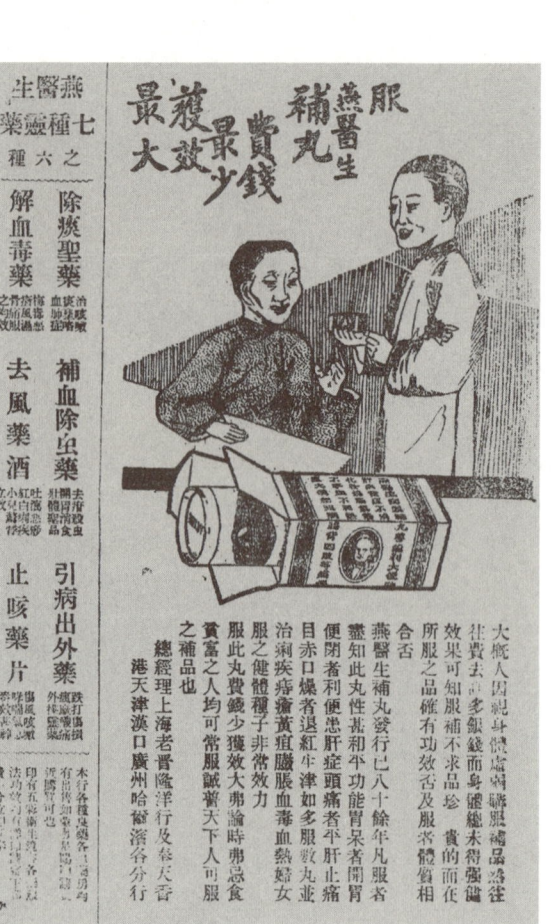

药品广告

民生公司轮船广告

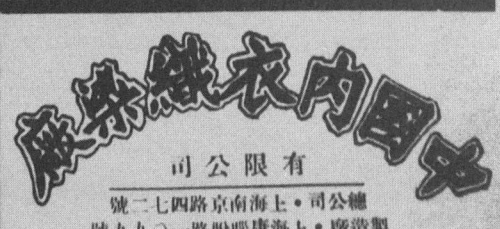

民国时期的杂志广告

利安钟表行广告

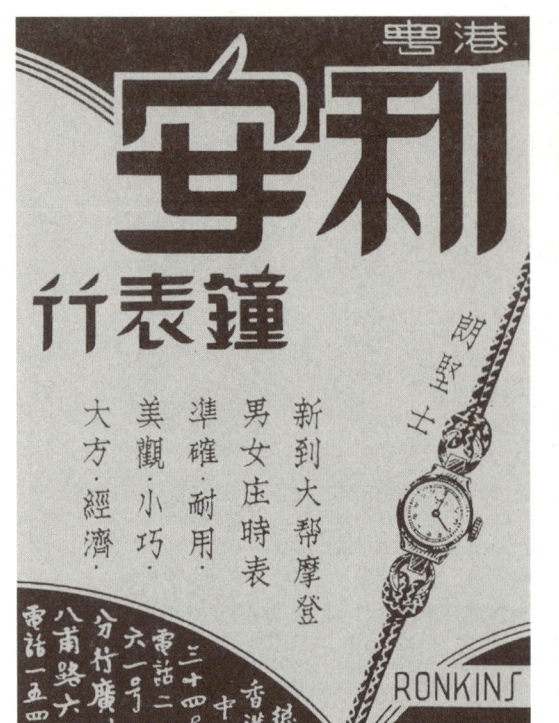

新光牌衬衫广告

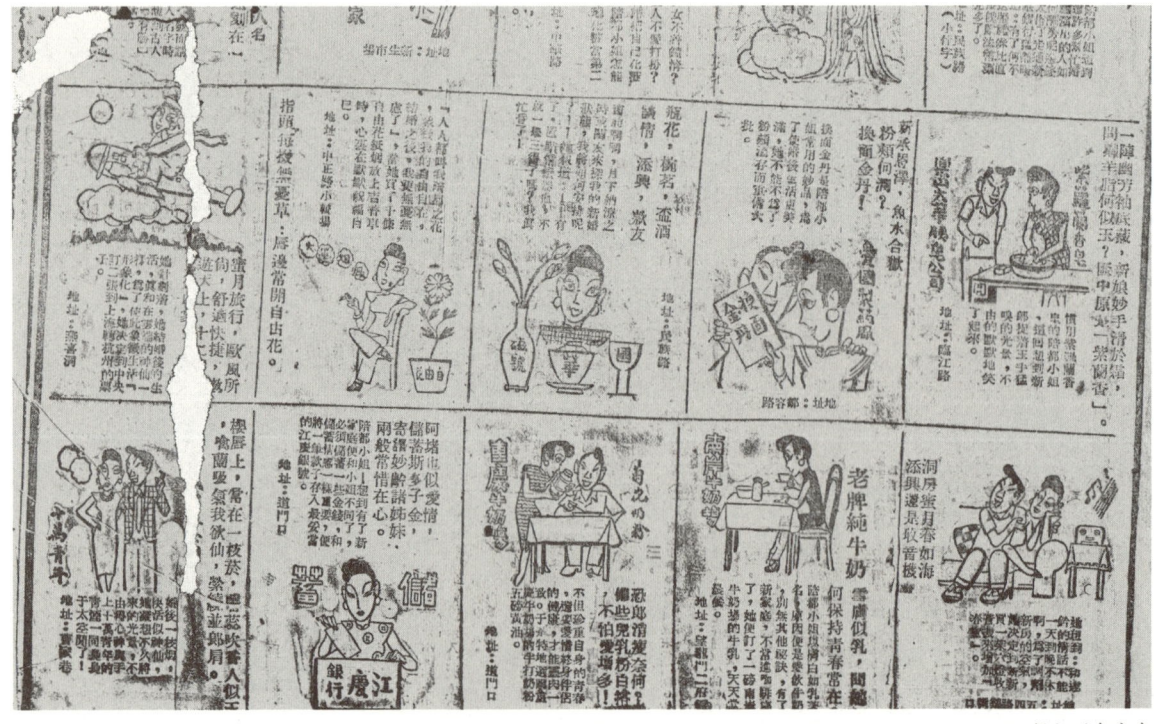

报纸联合广告

人们的追求与满足形式一般为中间是画,画两边或上下镶有铜条,有的有日历表,有的仿中国画的装裱方式,有的广告家的广告形式上或下方印本

67

美興行

送禮品 第一

本行銀花瓶精製各種銀插銀船銀杯器
銀花碗銀牌及各種忠花銀足銀銀
紀念殯牌珠花手耳環種銀
首飾彈弓花石鉸銀金
戒扣子鑽石頭寶別圖章針
翠玉等件新其珍圖章
精良樣子奇工珠
各界讚許久作
諸君光顧無任歡迎
重慶商業場西大街
美興行營業部啟

美兴行广告

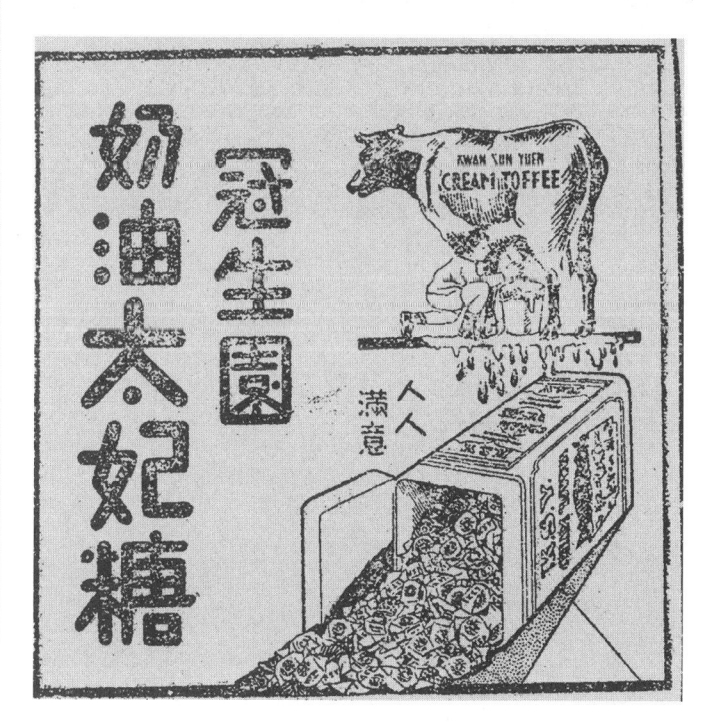

冠生園奶油太妃糖

KWAN SUN YUEN CREAM TOFFEE

人人滿意

冠生园奶油太妃糖广告

艺新画报

龙虎牌药广告

月份牌画是绘画艺术的一种形式,一般为中间是画两边有广告形式。"为美女画"中间的上下镶有铜条,有的"广告"有日历表,有的仿中国画的装裱方式,上方印有厂家的广告。

胜利牌酒广告

理发厅广告

秀丽牌香烟广告

五芳斋餐厅广告

双钱牌橡胶广告

长寿牌牙刷广告

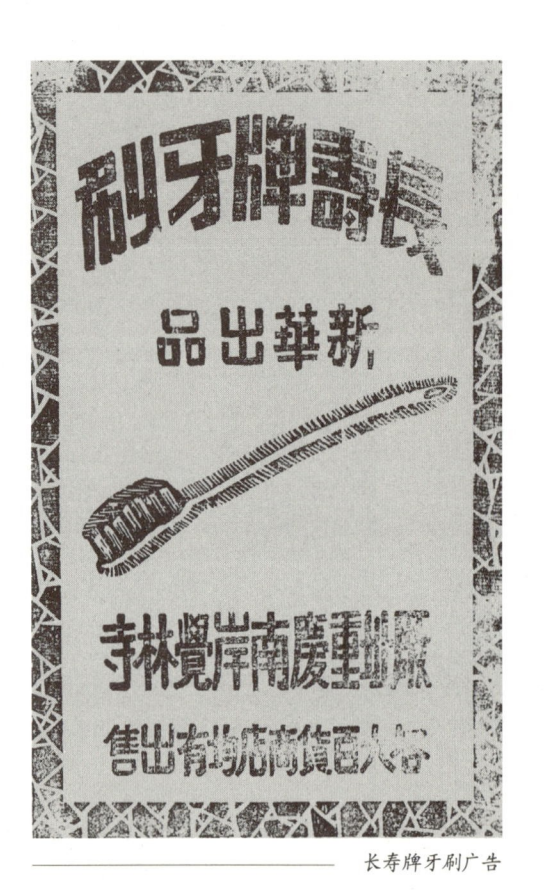

美国克德药厂的补品广告

日月牌电池广告

月份牌画是绘画（多为美女）、广告和年历相结合的商业化产物，画面一般"为中间是画，画面两边，有日历的方框中国画的表现方式，或下方印有新式一般为中间是画面主要或下方印有

爱生牌檀香珠广告

龙虎牌药广告

經售全國畫報雜誌圖書

主要營業

畫報雜誌
體育器具
婦女用品
兒童服裝

美美公司

香港皇后大道中七十四號
May May Compang
74. Queen's Road Central
HONG KONG

服務週到 辦理迅速
函購批發 一律歡迎

美美公司广告

73

月份牌画是绘画（多为美女）、广告和年历相结合的商业文化产物，形式一般为中间是画，两边有日历表，画面上或下方印有月份牌画家的画稿，以及厂商店号等。

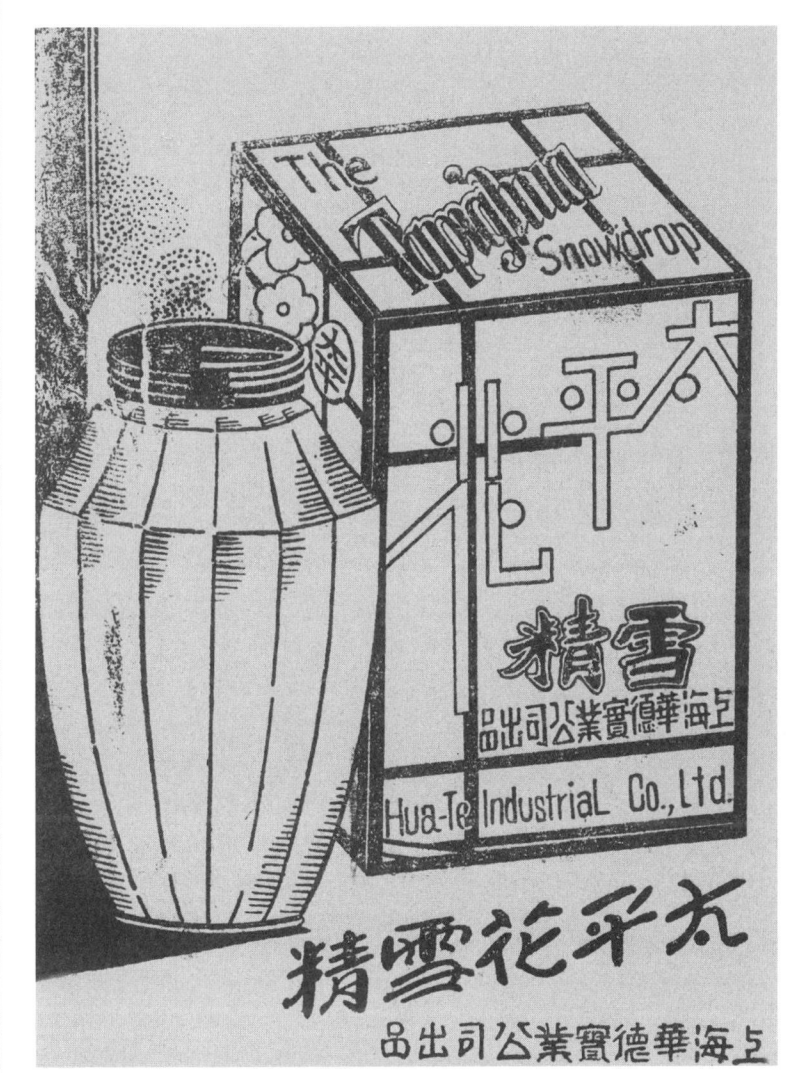

化妆品广告

阿墨林药广告

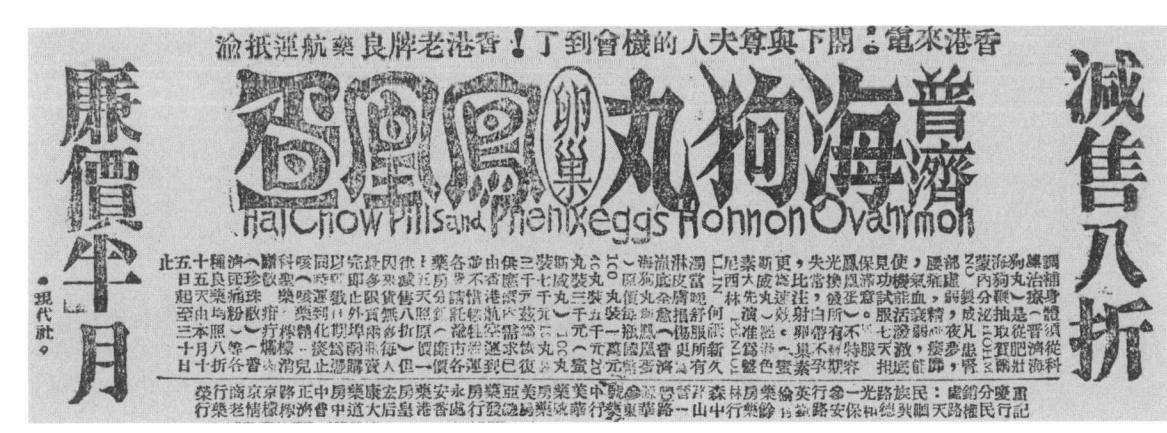

普济牌海狗丸凤凰蛋减价广告

·振華·

水有湘江的小火輪，沿耒（陽）柳（縣）直來交通的坪石，湘桂公路此處為中心點，秋（）段亦成之路。現正趕築，三年內必可完成。

因此，衡陽的教育，即全市小學有五十餘所有十餘所，成績大都優良嚴書院、船山醫院都萃於此，因之書店都有的，有中華、商務書局，最近，開明，大東書局次之，共餘則也相繼分設特約發行所，以中華書局，佔第一界書局次之，共餘則

所，有電影院三家，京家，共倫溫慶戲街，話也時常有演唱，最近並有妓女專唱點戲，南有南岳（衡山）七十回雁峰，城北的來雁塔浪狽桩，西湖的荷香十里眺南岳等，點綴齋一遊。

仁丰染织厂广告

留真照相馆广告

三兴蚊香广告

75

月份牌画是绘画（多为美女）广告和年历相结合的商业化产物，一般式样为中间是画两边有日历表，画面正或下方印有商号式样。

ADK雨衣广告

中元造纸厂广告

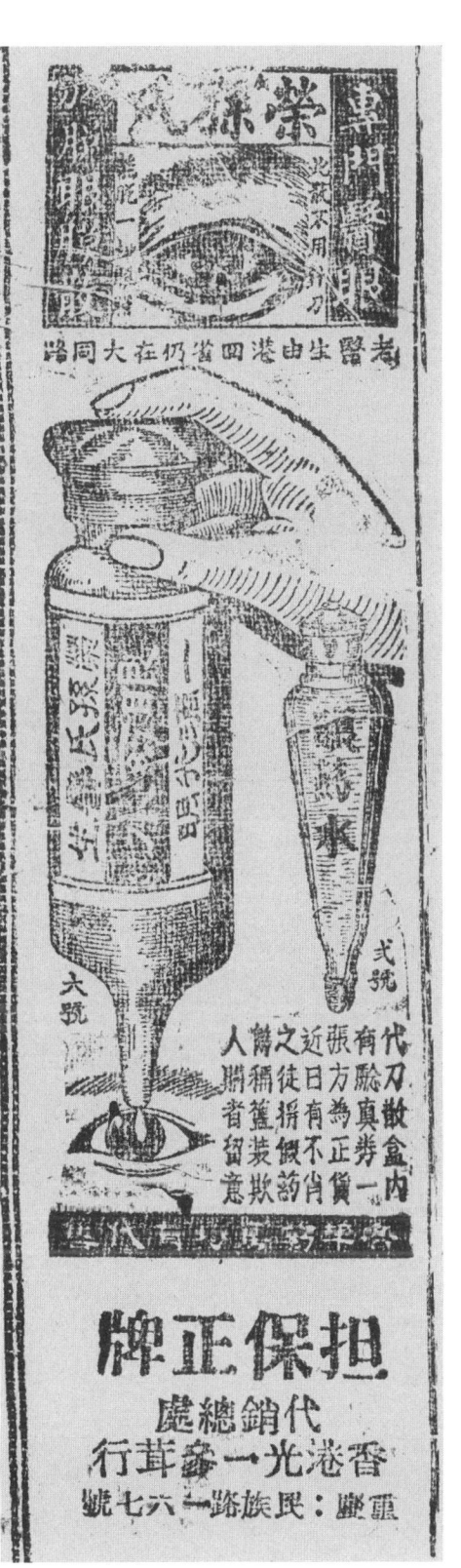

荣苏氏眼药水广告

抗戰畫選集

趙望雲選輯　實售一元

抗戰畫刊創刊於二十七年春，押出過一二版本的二十九期，每期均能銷啓一空，茲將由漢運湘《轉桂來渝之八部銅鋅版，木刻，重新精選得百餘幅，另用瑞典紙精印成一巨本。書於上月出版後，備受讀者歡迎，現已為許多學校採用為圖畫課本，足證本書內容之充實。每冊售國幣八角，外埠加掛號費八分。

七月 第四集 合訂本

每冊售一元五角　印數無多欲購從速

《七月》文藝月刊，自出版以來，本之印行，但是，均能銷售一完，使後來者向隅。這是：因為《七月》的內容是相當的充實，足以保留收藏，作為以後不時的研究資料。現在，在重慶發行以來，已出滿第四集。為供給一般讀者的需要，特地加印了合訂本數百冊，精裝成一巨冊，另有全集總目錄一份，極便於檢查。每冊實售國幣一元二角，外埠加售另加汽車費四角，外省須另加汽車費八分，外埠加掛號。

著名画家赵望云《抗战画选集》及胡风主编的《七月》杂志广告
（供图：石曼）

一品图布料广告

一品圖
色彩 綢麗綺
色彩 紗麗綺
色彩 花麻紗
永不退色
中國首創
達豐染織股份有限公司出品

人造自來血　補虛補血
麥液止咳露　健腦健體　祛痰平咳　行血利尿
月月紅通經活血
女界寶　調經種子

重慶五洲大藥房發行
重庆五洲大药房广告

請用國貨

永川老牌電池

自東耐用

永川電器廠
重慶出品

事務所　美豐銀行二樓

永川老牌电泡广告

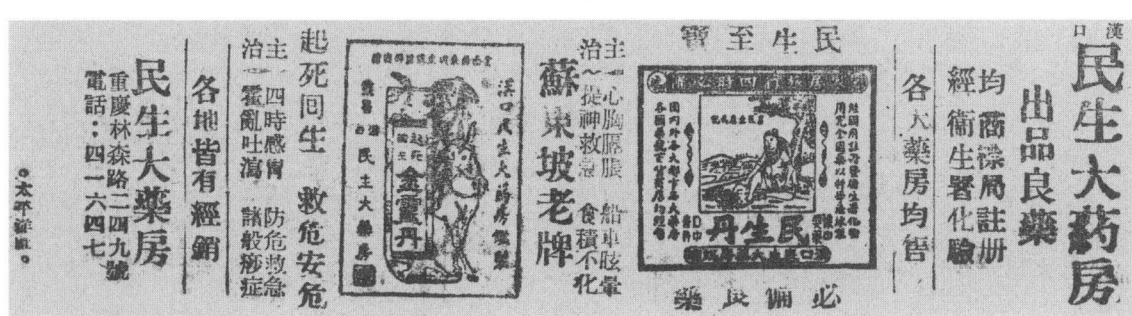

民生大药房广告

老晋隆洋行广告

新光衬衣广告

综合广告

老广告

精美點心

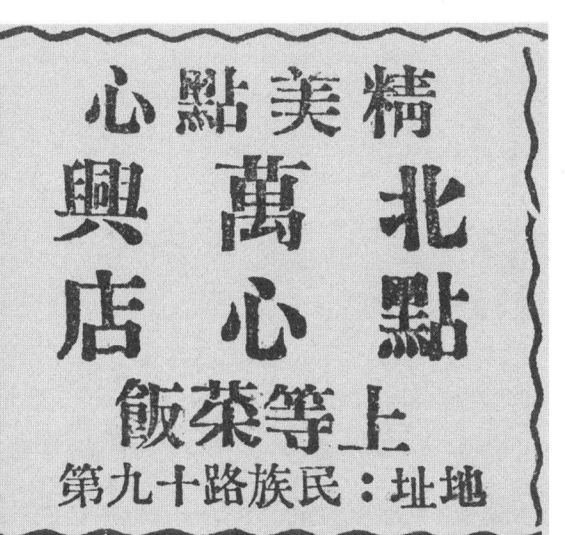

北點 萬點心 興店
上等菜飯

地址：民族路十九號

餐厅广告

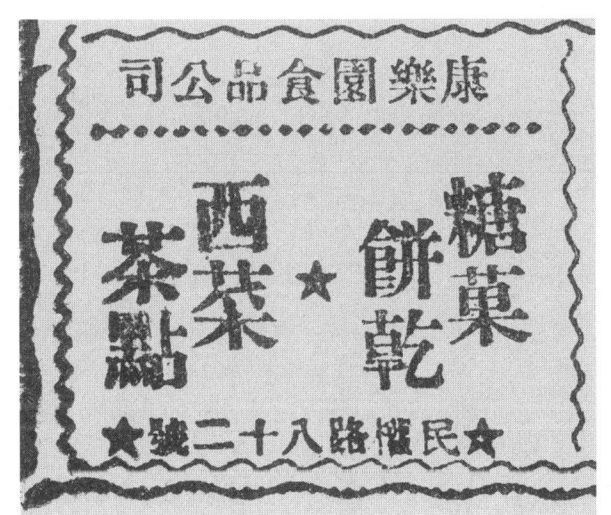

康樂園食品公司

糖菓　餅乾　★　西菜　茶點

★ 民權路八十二號 ★

康乐园食品广告

中國人用中國造鉛筆

鼎牌　飛機牌

註冊商標

中國標準區貨鉛筆廠股份有限公司

廠址：重慶榮園壩正街

全國各大文具局店均有出售

鼎牌、飞机牌铅笔广告

請購美孚汽煤油機

中山一路一三六號
（通遠門外嘉陵登埠）一福記美孚行重慶經理啟

代售 永川達濟酒精

・零躉供應・
・克巳歡迎・

○現代社○

美孚油广告

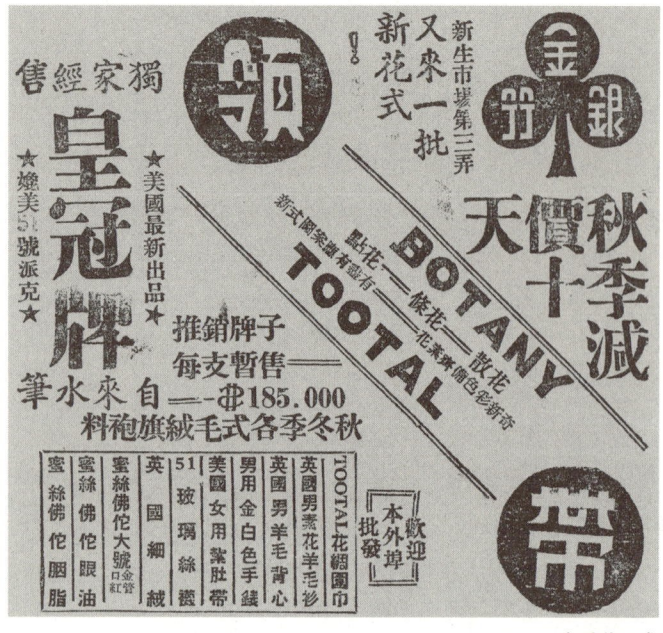

皇冠牌领带

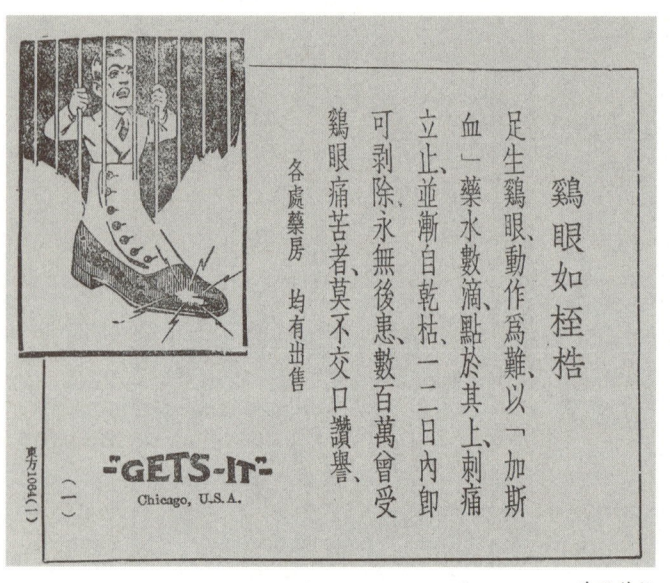

獨家經售 ★燙美5號派克★ 皇冠牌 美國最新出品 推銷牌子 每支暫售 ⰿ185.000 自來水筆

新生市場第三弄 又來一批新花式 金銀竹 領帶 秋季減價十天

BOTANY TOOTAL 新式服裝齊有點花散花條花花素備色齊新奇 秋冬季各式毛絨旗袍料

TOOTAL花綢圍巾 英國男熟花羊毛衫 英國男熟花羊毛背心 男用金白色手錶 美國女用絲肚帶 英國細絨51玻璃絲襪 蜜絲佛伦大號口紅金管 蜜絲佛伦眼油 蜜絲佛伦胭脂

歡迎本外埠批發

鸡眼药物

雞眼如桎梏

足生雞眼，動作為難，以「加斯血」藥水數滴，點於其上，刺痛立止，並漸自乾枯，一二日內即可剝除，雞眼痛苦者，莫不交口讚譽。

各處藥房　均有出售

東方1084（1）

"GETS-IT" Chicago, U.S.A.

先施服装广告

小什字 先施服裝公司

本公司最近由港運到各國應時春季花呢各色大衣呢精製男女新穎服裝價格特別低廉

歡迎莅臺批發

○世界社○

呢絨總匯!!!

清血健身广告

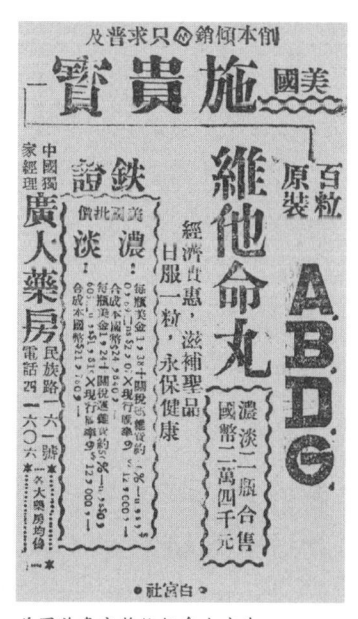

人寿保险公司广告　　美国施贵宝牌维他命丸广告　　环球电影院广告

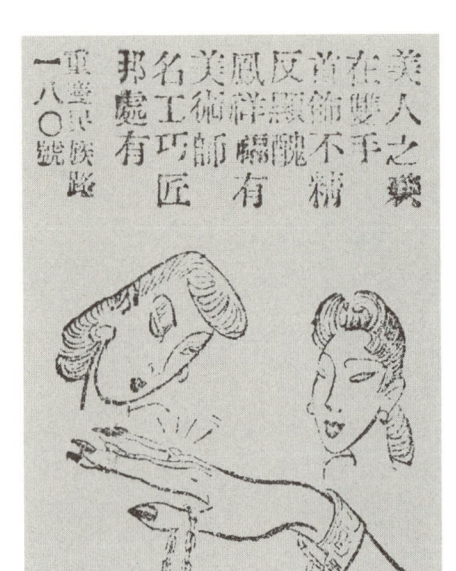

——— 金光灿灿的凤祥福银楼饰品广告

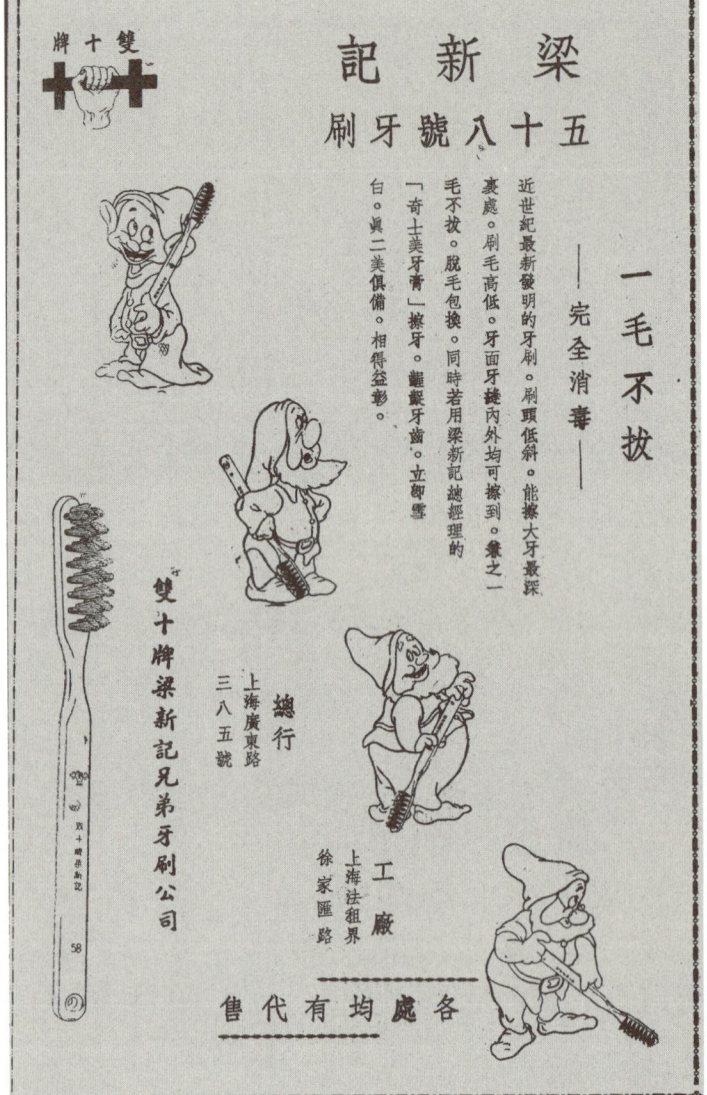

——— 汉口绸缎商店广告

——— 双十牌梁新记牙刷广告

——— 龙虎牌人丹广告

82

月份牌画是绘画一一多为美女、广告和年历相结合的商业化产品，形式一般为中间是画而两边有日历表，中国画面或上下滚有图案，有的上方形式一般为中间是画而两边有日历表，中国画面或上下滚有图案，有的上方印有厂家的广告，下方

皇后音乐餐厅广告

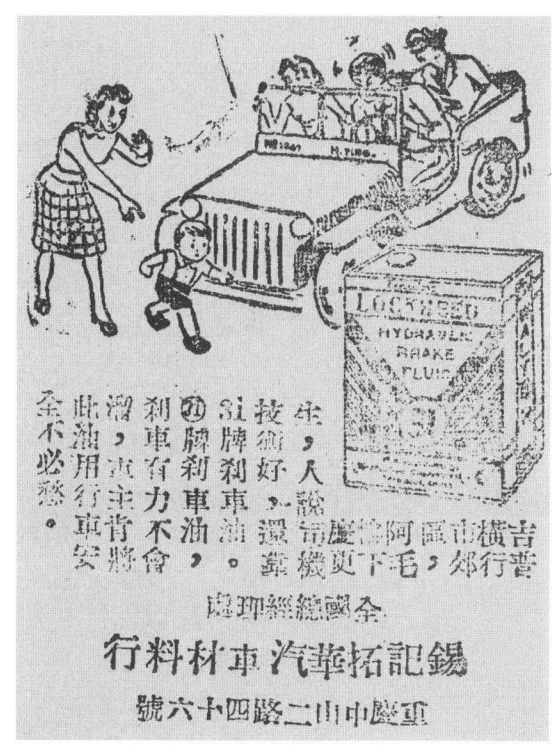

锡记拓华汽车材料行广告

米老鼠糖广告

城市向导的路牌广告

　　早在辛亥革命以前，我国出现了用新材料、新工艺的广告媒介。广告掀开了羞答答的面纱，从店前墙上到通衢大道，这就是路牌广告。路牌广告既宣传商品，又美化城市容貌。路牌广告经历了由墙壁广告嬗变的过程。它起源于早期的墙壁广告，广告公司用一些石灰将墙壁粉刷成白色，然后用靛蓝在上面画广告，主要是文字广告，形式十分简单。酱园广告，墙上写一个大大的"酱"字；当铺广告，墙上写一个"当"字。这时期的路牌广告成本低，施工快，屋主意外获得墙壁修缮，亦乐于接受，广告商开始只对屋主送些样品或月份牌之类，不付租费，后来才付少许年租。往后，在材料上不断改进。将石灰靛蓝改用油漆，将粉刷改为张贴，将单色改为五彩，将墙壁改为木板。因在户外，经日晒雨淋，很容易变色，不易保留。于是，工艺美术家或画家用油漆手工绘制在帆布或铁皮上。最早制作的路牌广告是车站路牌广告，内容大多为香烟、药品及日用品等。大约在民国时期，在市区、风景区、车站周围、铁路沿线、江河口岸及航运线就能见到路牌广告，大多为宣传牙粉、人丹、大学眼药、美孚煤油、白礼氏洋烛、中将汤之类的商品。在北京的大小胡同，到处都是日本的"胡子仁丹（人丹）"路牌广告。这时期的路牌广告大都是由外商广告公司承包装置的。20世纪20年代，路牌广告已经很盛行，在整个广告业务中占有相当的份额。

　　重庆开埠后，英美等外国商行进入重庆，在他们铺天盖地的销售方式中，采用了路牌广告。最有影响的是美商"美孚油"、"亚细亚火油"、"德士古"煤油公司。在当时四川重庆及省内各重镇和通衢要道的墙壁或石岩上到处都

外来的壳牌汽油，吞噬了老祖宗的桐油灯草　　　　美孚油广告

月份牌画是绘画（多为美女）、广告和年历相结合的商业化产品，一般"为中间是画，两边"背日历表、中国画面上或下方印有厂家形式的广告。用条幅式画面的下裹商方表

总经理

美商 大明火油公司 出品

美商 德士古公司 分部

商標

銀箱牌頂上煤油

老广告

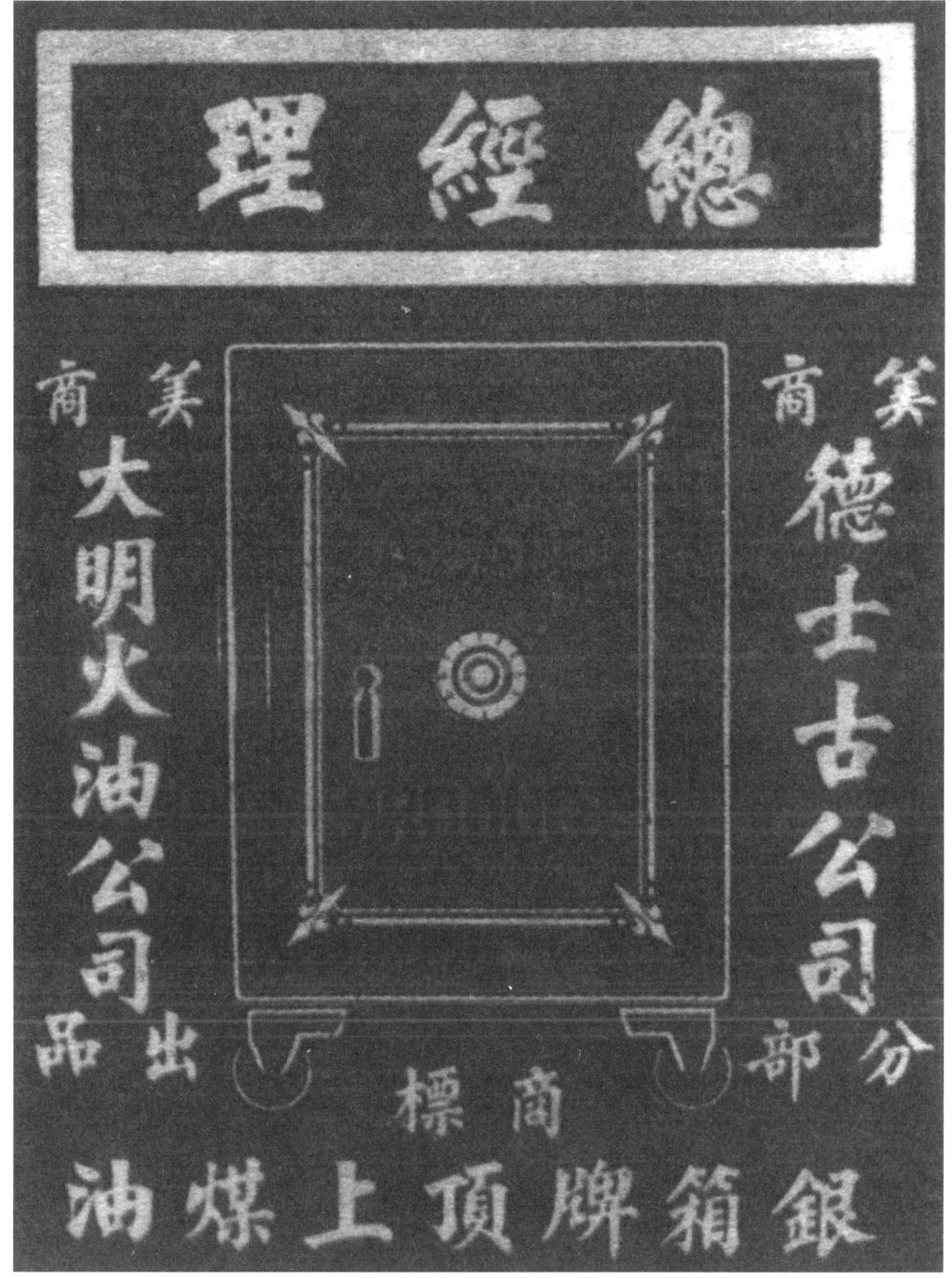

贫油国，请用我的火油！美商德士古公司

写着"点亚细亚火油"、"点美孚油"的大字广告,并印刷广告传单随油发送。因此,无论城市市民或山野乡民都知道美孚油,一时间,国人纷纷抛弃那油腻腻的桐油灯,转而使用起煤油灯。美孚油长盛不衰,占据了中国的半壁江山,一直到建国后很长一段时间,在偏僻山村,人们仍然称煤油叫洋油。抗战前,日商的画着翘胡须头像的"人丹"以及"味之素"广告牌也经常立在七星岗、朝天门地区。冠生园把开展广告宣传活动作为竞争手段。冠生园的创始人冼冠生很相信广告的宣传影响。他为了推销糖果、点心,在沿长江两岸的主要港口、码头和沿铁路的大车站,均矗立有不同设计的大广告牌。特别是冠生园为推销新产品陈皮梅,曾经制作了一块面向水路、视野宽广、高达30米的巨型路牌广告。上面的"冠生园陈皮梅"六字分两行排列,"冠生园"三字,每个12平方米,"陈皮梅"三字10平方米。六字均涂上鲜红油漆,给人以雄伟壮观的气势,尔后冠生园的陈皮梅便成为其招牌食品,经久不衰。"陪都"时期,重庆的路牌广告很多,几乎成为许多广告代理商主要收入来源。市区通衢,路牌广告触目皆是,甚至有若干区域,路牌之盛,反较住户为多。广告内容包括白锡包、红锡包、老刀牌香烟、消治龙药膏、双钱牌胶鞋、艾罗补脑汁、科发十滴水、何济公止痛散以及电影广告。抗战时期,大批人员到处流亡,在岔路口,经常能见到为难民指示道路方向和旅店的位置路标。

交通工具是天然的流动路牌广告媒介,发轫于洋商。1902年,英美烟草公司为了推销香烟"翠鸟牌",刻意创意了一则广告,突出"翠鸟牌"香烟与众不同之处在于其工艺是烤制,便让全上

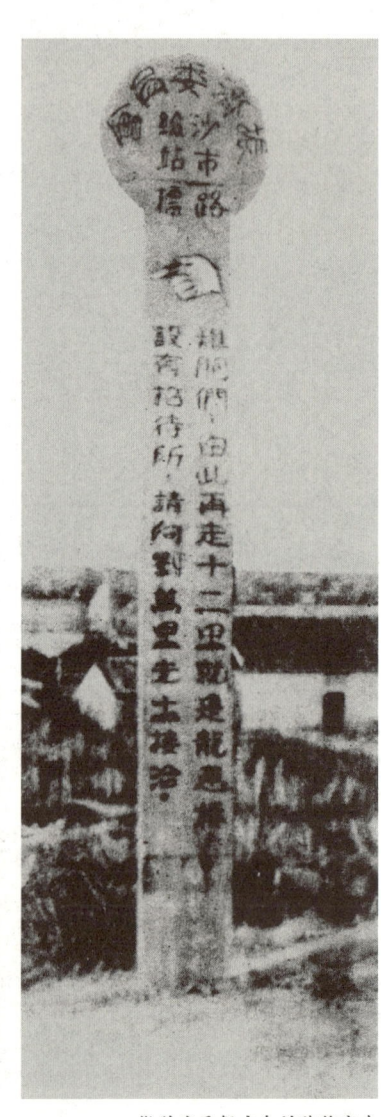

小巷里弄的路牌广告　　　指引难民们方向的路牌广告

86

电影路牌广告

海的人力车夫都穿上印有"烤"字的背心，一时间，上海的大街小巷都流动着翠鸟牌香烟的广告。当1901年，袁世凯为讨好慈禧太后，弄来一辆第二代奔驰汽车后。这就为汽车成为流动路牌广告埋下伏笔。当抗战的烽火烧到南京武汉，国民政府退守重庆，尽管山城的道路交通是"一走二三里，停车四五回，修理六七次，八九十人推"的状况，但并不影响"吉普女郎"（美国援助中国的吉普车，军人经常邀请花界女性搭乘，这些女性被称为"吉普女郎"）的招摇过市，成为活动的实物广告。"吉普女郎"在"陪都"各界影响很大，迫于社会舆论压力，国民政府方严格禁止女性搭乘军用吉普车。先施公司为了推销生产的"先施牙膏"，用公共汽车做广告，大字横幅"先施牙膏千里香"包围着车身；大城烟厂出品的"八百壮士"牌香烟也不甘落后，陪都的人们常常能在汽车的车身上看见它。抗日战争爆发之前，曾家岩到七星岗的公交车上，常常遇见日商的画着翘胡须头像的"人丹"以及"味之素"广告。英美烟商的"哈德门"、"大炮台"的巨幅广告也常常包围了整个公共汽车。

路牌广告矗立于公共场所，在短暂的时间给行人留下印象，是广告业进步的象征。

都市里流动的车身广告

浮华声色的电影、广播广告

电影的出现不仅丰富了报刊广告,也开启了动画广告的滥觞。1895年12月,电影在法国成功发明,此后很快传遍世界,约于转年,电影先以"电光影戏"或"活动电光影戏"之名,通过香港传入上海,后至北京、天津及全国各地。重庆在1912年正式开始放电影。1905年,希腊人赫德希在桂花街剧场放映电影,开创了重庆电影放映业。首家电影院设在木匠街"涵虚电影场"。这时期使用的是炭棒弧光灯和手摇式放映机。这时期最出名的有"环球"、"国民"、"育德"及后来的"新川"、"大光明"等数家影院,放映了"龙子大荒江女侠"、"关东大侠"等无声电影,观众主要是儿童。1922年,重庆市面出现了第一张电影小报——《电影报》,八开大小,刊登电影消息、小品文字、影片的中文译文。1925年,重庆修建了正规的现代的"环球电影院",放映的电影以早期的外国默片为主。20世纪20年代后期,有声电影出现,青年会贴出告白,刊登广告,宣传放映有声电影。影片的制作技术提高了,

应云卫导演的《桃李劫》电影广告

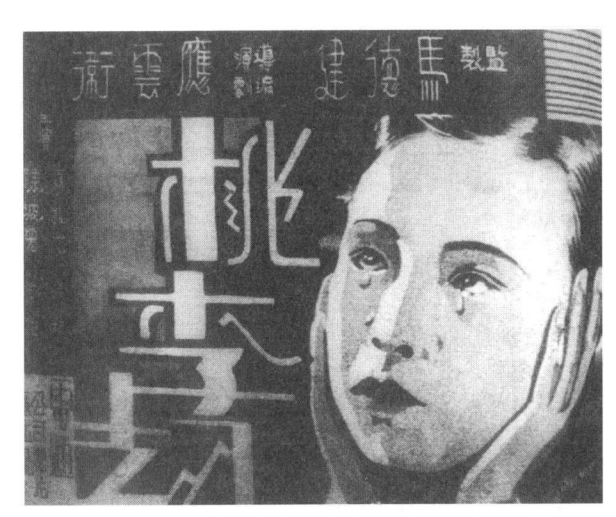

1934年应云卫编导的电影故事片《桃李劫》电影海报（供图：石曼）

挂在国泰电影院墙上的巨幅电影广告

电影的艺术魅力和吸引力空前强大，电影成为男女老少皆大欢喜的一种大众文化形式。1932年，重庆开始放映有声电影，观众剧增，电影放映业方兴未艾。1937年，全国电影界抗敌协会中央电影摄制场、中国电影制片厂先后迁渝，拍摄了《塞上风云》等好片子，电影放映业日益兴盛。抗战时期，重庆人口猛增，通过电影来了解中国和世界，把电影作为娱乐消遣的人越来越多，刺激了电影业的发展。一时间，豪华电影放映场林立。1936年，电影事业家夏云瑚集资创建了国泰大戏院，其建筑新颖，规模宏大，设备齐全，有座席1400余个，是重庆最大的影院。其后出现了"唯一"、"升平"、"一园"、"合作"、"美工堂"、"新川"、"民众"、"青年馆"、"胜利大厦"等影院。随着抗战，重庆的电影业进入黄金时代，即使大轰炸时也没停止过放映。"民众"电影院被日寇飞机炸毁，此后改在露天放映。商家见利而趋，见热闹而上。电影在中国登陆后就成为商家招揽顾客的手段，电影院人群集中，正是宣传推销商品的好地方，许多商家纷纷制作玻璃板幻灯广告，在影片前放映。商场还利用赠送电影票来引诱人购物，照相馆则利用赠送电影票招徕人照相。人群集中的电影院不仅被商人看好，连政治家也趋之若鹜。1948年10月，重庆竞选国大代表，竞争白热化，抓票活动进入到了各家影戏院，电影放映前，银幕上都是候选人自吹自擂的广告，政客们霎时都成了广告明星。电影院为了宣传影片，电影放映广告充满各种大小报纸，在报纸的下版固定刊登影讯，或文或图，或图文并茂，文辞极具煽动性。1944年8月1日，民众影院的《日出》广告是"今天献映袁美云、陆露明、梅熹主演。口碑载道，不用宣传，免向隅谓早临。针针见血，事事诡奇，撩开恶社会的面具，揭露妇道人家的秘密。"1947年10月3日，《陪都晚报》登载电影《苦恋》的广告是："歌唱哀歌，首轮巨片，密切注意，映期地点。"画面是一支丘比特之箭射中一颗流泪的心。"抗建堂"启事："本堂最近新式放映机，定

图为《松花江上》电影海报（供图：石曼）

于本月放映中外名片，敬请注意。"重庆的各家影院不仅在报刊上刊登影讯，每遇新片，必张贴大幅广告画，以广而告之。1948年10月10日，"一园"、"国泰"、"青年馆"三家影院都放映永华出品的《清宫秘史》，黑市票贩公开索价6角。上映前一天，《清宫秘史》宣传车出现街头，巨幅广告分置车头车尾，箫鼓之声令人神往。"国泰"电影院墙上悬挂了巨幅广告，"清宫秘史"四字满布于整个条幅，远远地都能看清这四字。"国泰"影院的墙上，经常贴有色泽鲜艳的广告画。外国的有《泰山》、国产的有《白光》、袁牧之主演的《桃李劫》等。电影院不仅在报刊上大肆广告，在墙壁上张贴海报，还有些小恩小惠的动作，如"青年馆"放映《玫瑰多刺》时，在报上公开广告有赠券的消息。那时，重庆的电影院、戏院广告多得使人麻木，未能达到理想的效果，以致影

重庆国泰电影院设置的一面与该院演出有关的文化名人墙，图为郭沫若、曹禺、赵丹、秦怡等人的签名（供图：石曼）

1936年蔡楚生编导的电影故事片《迷途的羔羊》的广告（供图：石曼）

1935年由蔡楚生导演，阮玲玉、郑君里主演的电影《新女性》的广告（供图：石曼）

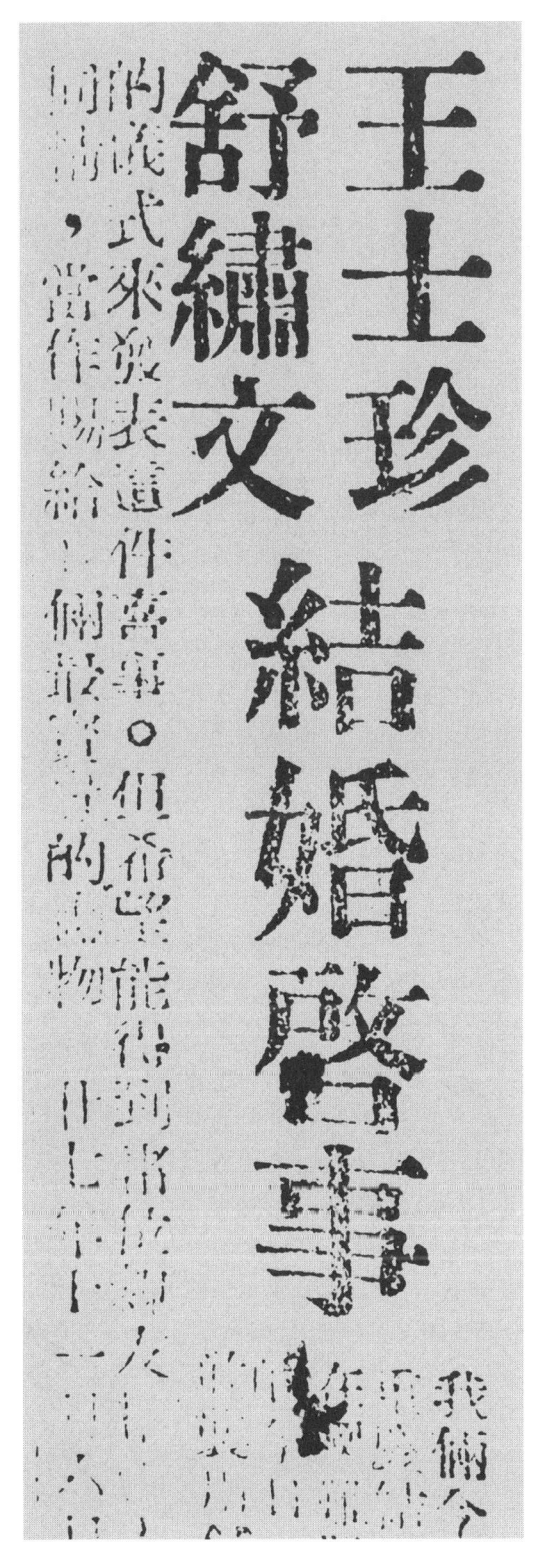

1938年11月6日著名影星舒绣文与摄影师王士珍在重庆的结婚启事（供图：石曼）

电影《火葬》的海报

响营业部的发展。从事此项业务的广告专家，正设计一种"电影广告攻心战术，即武侠片：英雄当场流血，歹徒顷刻毙命。如发现鲜血系猪血或假死，可领取赏金三千万元；爱情片：表现接吻后的拥抱姿势共三千余种，历时二小时五十九分半，七十岁以下童男绝对禁止观看；歌舞片：民谣三万支，乐队五千班，舞女五百名，保证全身一丝不挂，否则凭听贵客捣毁戏院；神怪片：全部十三万八千五百九十三彩，摄制期间三十年（男女主角全部吞服长生不老丸），耗资万万万万金。教育及文艺片：观众一致反对，无奈停止开映，贵客如欲观看，请到海外一看。"

电影事业的兴起，丰富了重庆人民的文娱生活，影片中的繁华与摩登生活不仅开阔了人们的视野，也潜移默化了人们的价值观。大众电影媒介也催生了电影明星成长为商业广告明星，不仅有王人美等"八大"美女广告明星，也出现了郑君里等男广告明星。

广播电台的出现，更加丰富了广告媒介。1922年底，美商G.E.奥斯邦（Oxborn）利用旅日张姓华侨的资金，

国泰大戏院上演《白云故乡》的电影广告

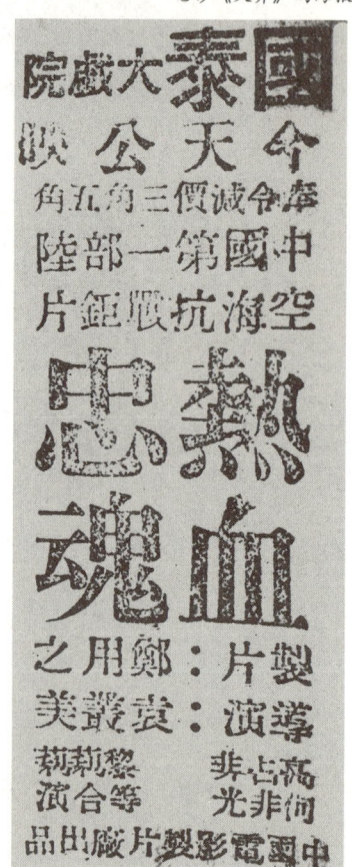

1938年重庆国泰大戏院公映中国电影制片厂出品的抗战电影《热血忠魂》
（供图：石曼）

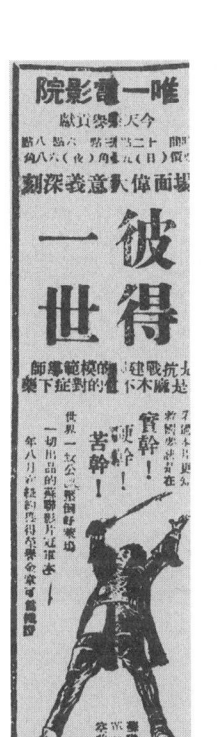

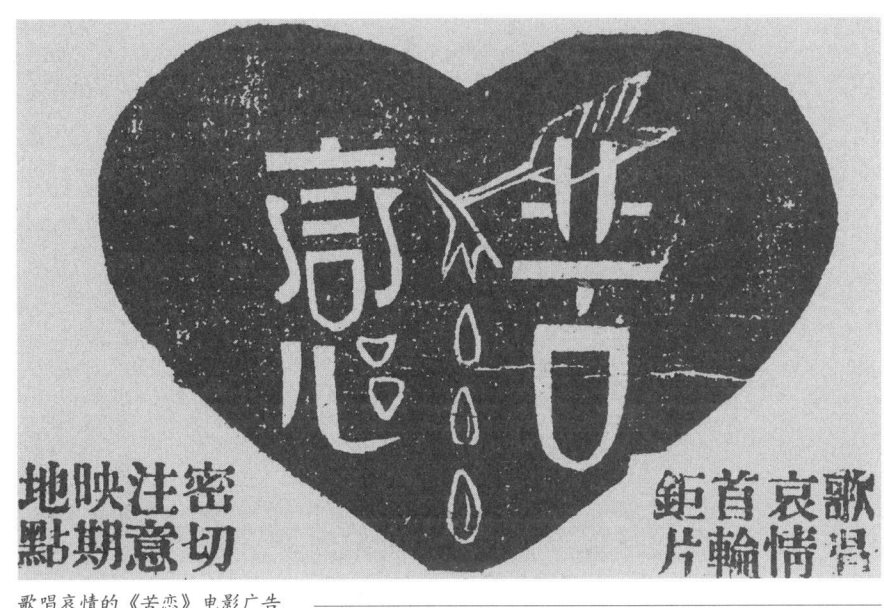

歌唱哀情的《苦恋》电影广告

1938年唯一电影院上映苏联电影《彼得一世》的广告（供图：石曼）

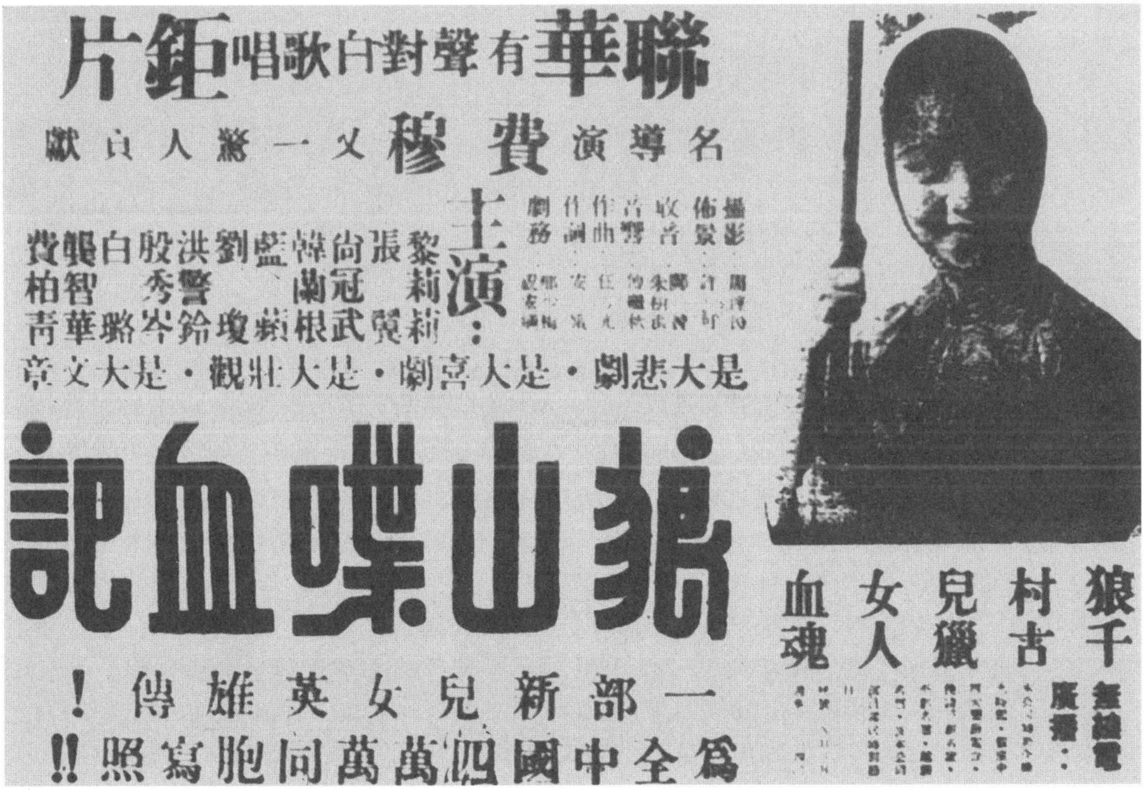

1936年由费穆导演，黎莉莉、张翼主演的电影《狼山喋血记》1937年在重庆演出时的广告（供图：石曼）

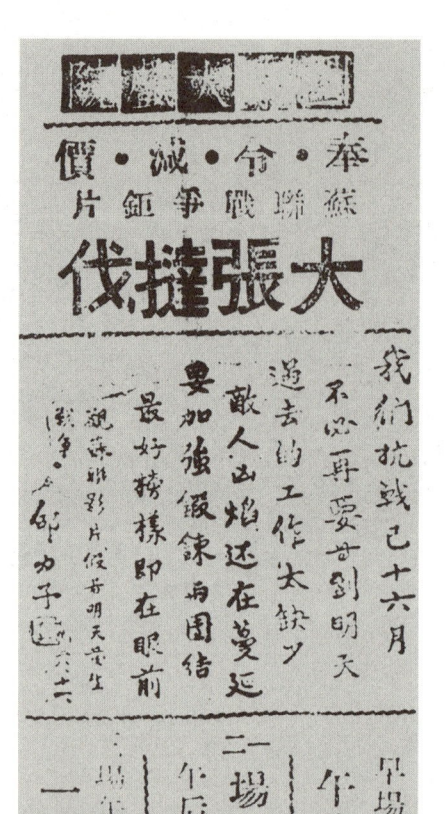

1938年12月国泰大戏院公映苏联影片《假如明天发生战争》（即《大张挞伐》），时任国民党中央宣传部部长的邵力子先生为该片上映题词
（供图：石曼）

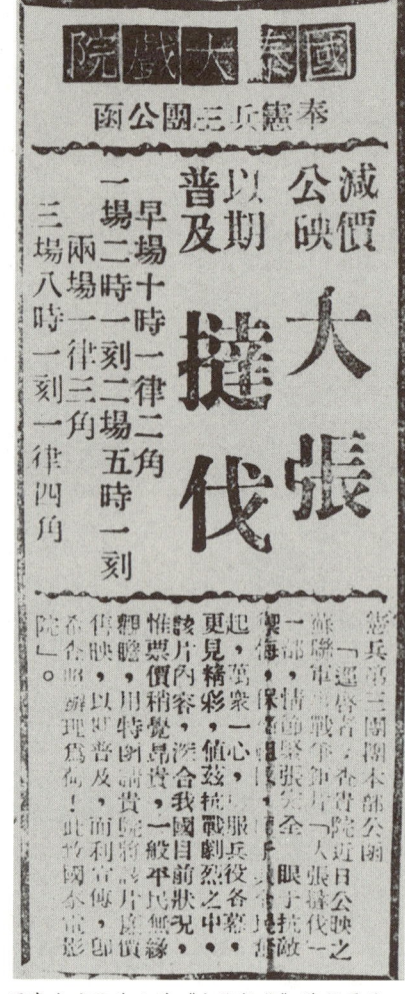

国泰大戏院为上映《大张挞伐》降低票价，将该片普及到市民当中去，并在报上登广告宣传（供图：石曼）

在上海建立了中国境内第一座广播电台，美商为了推销自己经营的商品，在节目中插播广告，这是中国最早的广播广告，拉开了中国广播广告的序幕。1927年3月，第一座中国人创办的民营电台——新新公司广播电台在上海开播。1928年，国民党政府在南京建立了中央广播电台。1932年，重庆广播电台成立，主要播放的节目为每日新闻、政令、商况、音乐，广告穿插其间。广告内容主要以洋货广告居多，如德国的"阿司匹林"、"六〇六药"，英国的"司各脱乳白鱼肝油"等。广播的形式大多以广播广告词为主，有时变换角色。如"华盛百货公司"的广播广告，"女声甲：要买满意的冬季衣料及些日用品，不知谁处最好！女声乙：顶好先走到商业场华盛去，'华盛'是重庆唯一完备的百货公司。"为了宣扬国货，童少生等人创办了"中华国货介绍所"，旨在提倡"爱用国货，生产救国，抵制洋货"。他们以国产"华生电扇"抵制"奇异电扇"，

1938年12月，重庆四家电影院举办苏联电影展览的报纸广告（供图：石曼）

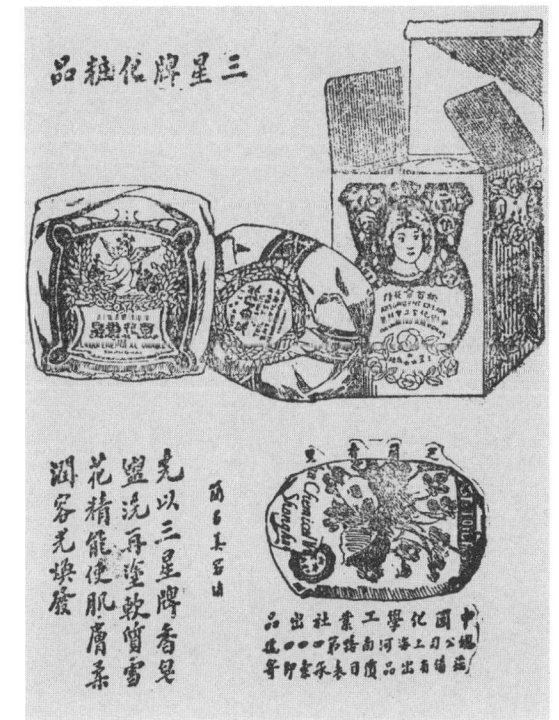

三星牌化妆品广告

"天厨味精"抵制日本的"味之素"，天原化工厂"烧碱"抵制英国的"卜内门烧碱"，中国化学工业社的"三星牌"蚊香抵制日本的"猪牌"蚊香，"羝羊牌"毛线抵制"蜜蜂牌"毛线，"亚浦耳电灯"抵制"飞利浦"电灯为主。另外，还在繁华市区开设规模宏大，装饰豪华的大商场，免费赠送搪瓷牌"请勿随地吐痰"给旅馆、餐馆，利用广播电台广作宣传，以评书的形式播广告词。国民政府迁至重庆，1938年，中央广播电台迁来重庆，后将3.5千瓦短波机划归中央宣传部国际部，成立国际广播电台。这两家电台把抗战时期，中国抗战的情况通报给全世界，让世界听到了中国人民不屈的声音，两只"重庆之蛙"让日本人感到害怕。艰难的岁月里，政府利用广播号召人民献金，一时间，市民涌向献金台，纷纷捐资。为了更好服务抗战，中央广播电台的广告部"中国电声广告社"承办了很多广告。如"雪铁纳手表"、"金砖牌香烟"、"扬子饭店"、"喜临门"牌香烟、"普鲁士"牌香烟、华福卷烟厂的"黑白牌"香烟等广告。抗战期间，重庆的广播电台广告有了较大的发展。据统计，全国有民营广播电台55家，多数是商业台。1945年11月，中共广播电台广播《陌上花》广播剧，时称"播音话剧"。由于该剧反映歌女悲惨一生，情节催人泪下，著名演员来电台当播音员，播音艺术炉火纯青，吸引了不少听众。这期间的广告插播空前增多。但由于旧中国的贫穷落后，电台广播事业仍然发展缓慢。

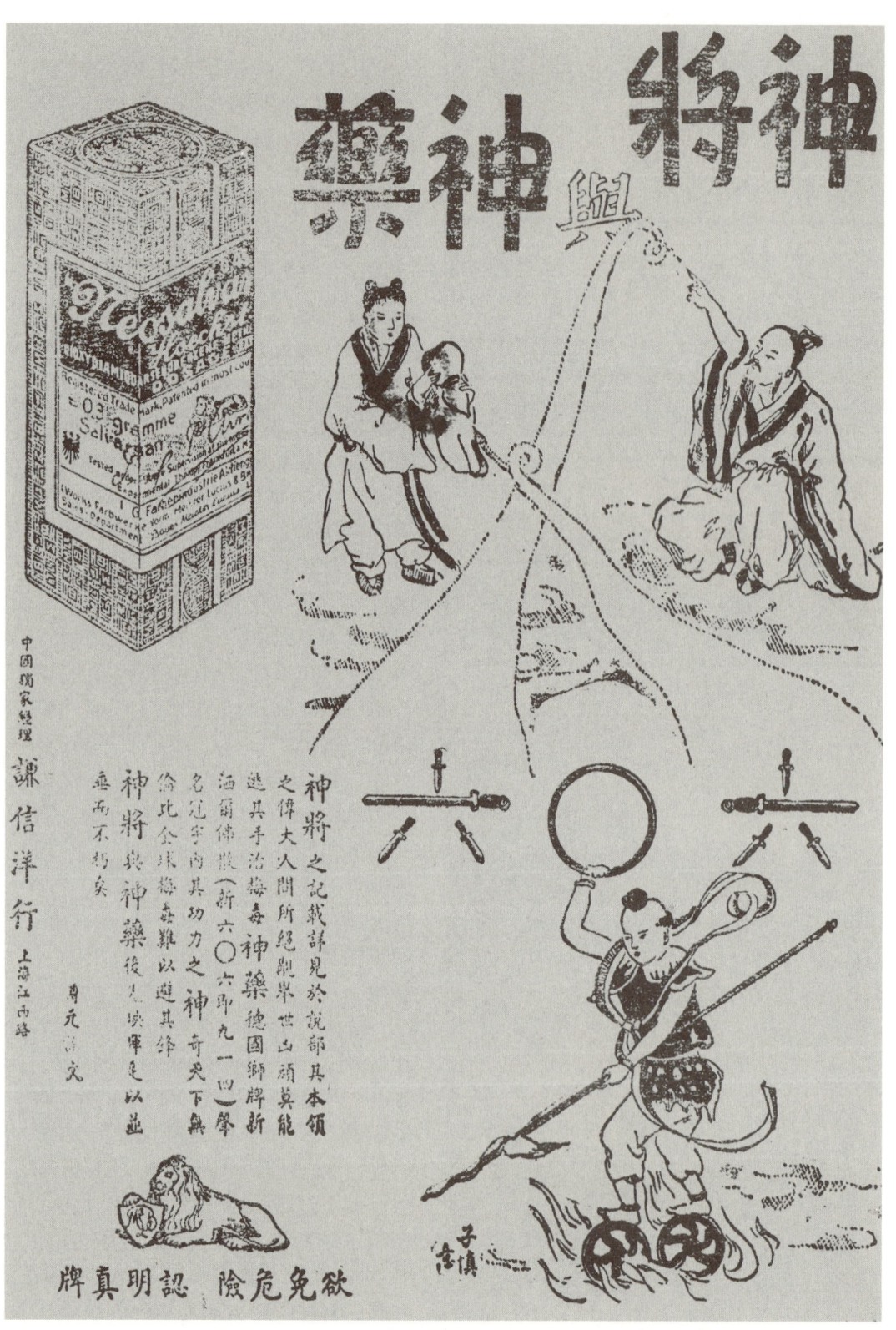

神将与神药，德国六〇六牌药广告

97

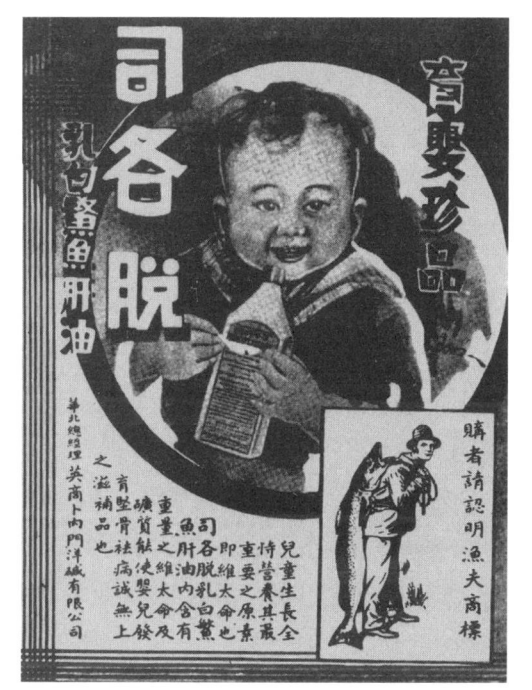

月份牌画是绘画（多为美女、广告和年历相结合的商业化产物）式一般为中间是画面（画面上或下方印有月份牌、年历）画面两边有日历表。

儿童生长的必需品，司各脱鱼肝油广告

华盛百货公司设计的宣传广告

"中华齐抵抗，国货共栽培"的国货运动广告

老牌國貨風扇木渝
華生
東浦
豆

全川總經理處
重慶

寶元渝　　　華記行
營業部　小什字　價格　聯合　營業部　費學街
電話　五二七　劃一　發售　電話　四五六
本埠各電器行均有代售

華生牌電風扇廣告

喜臨門香煙
華福捲煙公司又一偉大出品
今日隆重上市

電聲社制作的喜臨門香煙廣告

为抗战募捐的重庆青年

雪铁纳手表广告

万应灵丹的德国阿司匹林药广告

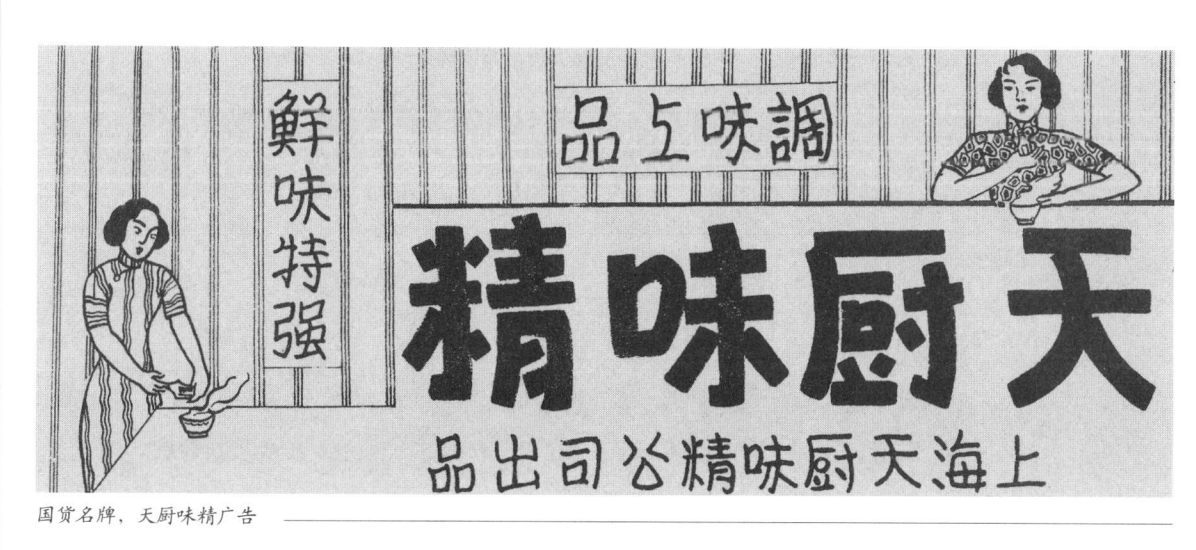

国货名牌,天厨味精广告

风起云涌的话剧广告

话剧为舶来品，最初名叫新剧或文明戏。1906年，中国留日学生李叔同、欧阳予倩等人成立春柳社，在东京上演了话剧《茶花女》、《黑奴吁天录》。同年，王钟声在上海成立春阳社，上演《黑奴吁天录》，是为话剧在中国之肇始，时称"新剧"。1913年，上海开明社新剧团来渝，演出《都督梦》，乃开重庆话剧演出之先河。重庆人周荣濂爱好新剧，同年，成立了重庆第一个职业话剧团体——群益新剧社，上演《马介甫》等剧目。1937年9月，陈叔亮、余克成立了业余话剧团体怒吼社，上演了《保卫卢沟桥》，被誉为"重庆有真正演剧，那是以怒吼剧社为历史纪元"。抗日战争爆发，重庆成为抗战大后方，沦陷区的艺人、剧团辗转来到重庆。在民族存亡时刻，前方后方休戚与共，为了抗敌斗争的胜利，在中国共产党的领导下，开展了著名的"雾季公演"，上演了《家》、《雷雨》、《屈原》等剧目。由于话剧乃新生事物，且票价较高，观众较少，普通人家请客以看话剧为荣。剧团为维持演出的基本费用，须大力广告，吸引观众来看戏。其广告媒介大都为海报、报纸，形式多为文字广告。第一届戏剧节间，《新蜀报》1938年10月2日广告："中华全国戏剧界抗敌协会主办中华民国第一届戏剧节平川评杂歌舞剧汇集寒衣大公演"。剧团老板为了赚钱，也刊登一些低俗广告。1938年10月，"怒吼社"到铜梁演出《为自由和平而战》。演员皆为30年代著名电影演员，能歌善舞，甚是好看。刊登广告："价钱好，真公道，看明星，呱呱叫"。随着抗战深入，国共合作，1941年到1946年间，中国共产党通过"文联"、"剧协"，加强对文艺队伍的领导，中国话剧达到鼎盛时期，创作了很

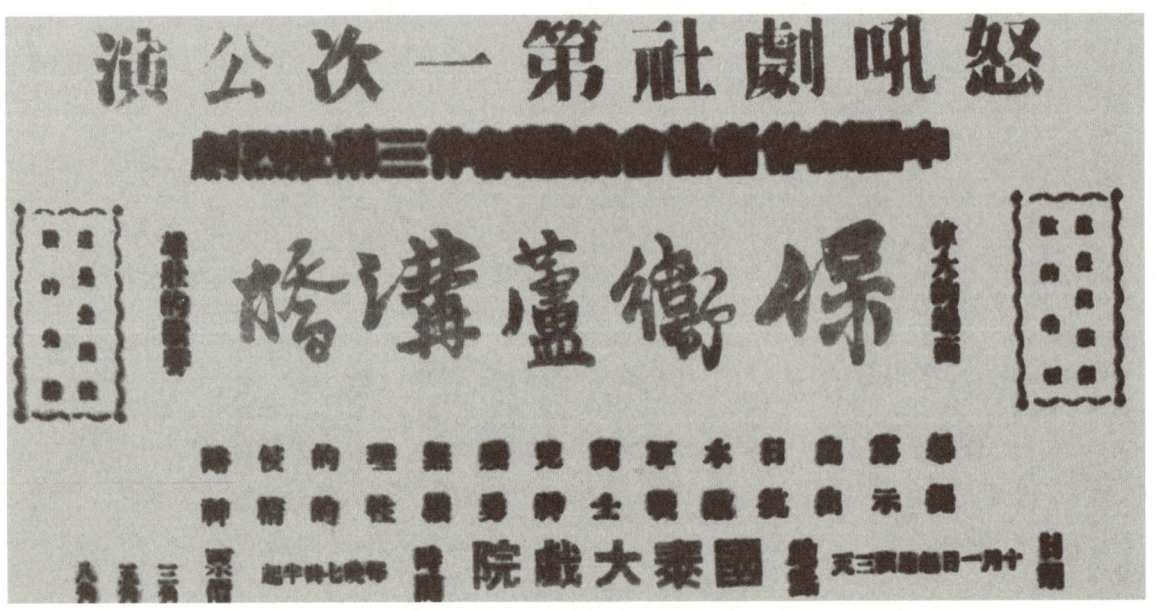

1937年10月3日，刊于重庆《新蜀报》，怒吼剧社演出话剧《保卫卢沟桥》的广告（供图：石曼）

多优秀的话剧，涌现了许多优秀演职员。1941年1月的"雾季公演"中，宋之的的《雾重庆》在国泰大戏院演出，观众半夜就到戏院排队买票，寒冬腊月，天气寒冷，演出团体在《新蜀报》上登出劝观众勿来看戏的广告："看《雾重庆》的观众注意。1.《雾重庆》续演五天；2.每日上午十时一定售票，请勿于六时前立等；3.已看过戏的观众请勿再看。4.特约请公共汽车，晚间散场时由国泰大戏院到上清寺，沿途各站停靠"。战时重庆只有白天才有公共汽车，午夜以后，不但没有公共汽车，连人力车都很稀少。戏好，又如此人性，广告一经刊出，观众不但没有减少，反而更多。1942年11月，重庆将上演《两面人》，便以两面人的扮演者祝苕斋的名义刊登来渝启事。许多观众为一睹祝苕斋尊容，不顾大雨路远，纷纷从沙坪坝等地赶来看戏，甚为壮观。这期间的话剧广告日渐丰富，虽主要在《新华日报》等报纸刊登广告，但广告画面更加艺术。著名漫画家丁聪曾为"中国艺术剧社"的《祖国在召唤》、《北京人》、《家》等剧目设计过舞台和演出广告。《家》的画面由略带篆意的"家"字和全家合影组成。曲折的"家"字，象征了封建家庭的樊笼，束缚着青年对光芒和新生活的追求。随着国民政府东迁南京，内战爆发，重庆的话剧日渐衰落，话剧广告也日渐稀少。

1939年11月19日，怒潮剧社在国泰大戏院演出老舍写的第一个话剧剧本《残雾》的广告（供图：石曼）

1938年12月16日起，怒潮剧社公演话剧《中国万岁》，以其收入作为义卖献金。图为演出广告及告各界人士启事（供图：石曼）

图为1943年演出大歌剧《秋子》的广告（供图：石曼）

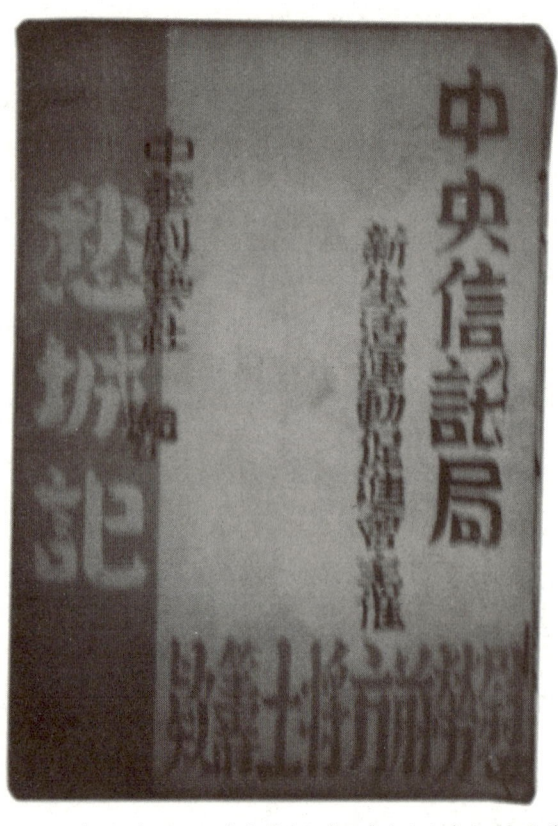

1941年10月30日，中华剧艺社在国泰大戏院演出夏衍新作《愁城记》（供图：石曼）

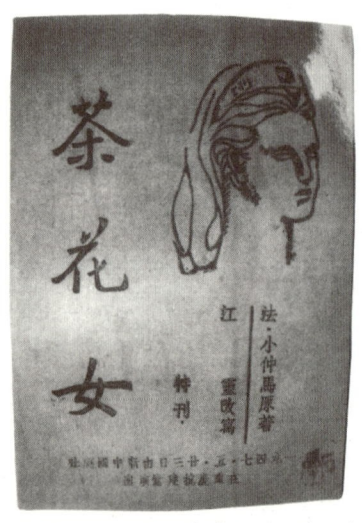

1947年5月23日，新中国剧社在抗建堂演出世界名剧《茶花女》（供图：石曼）

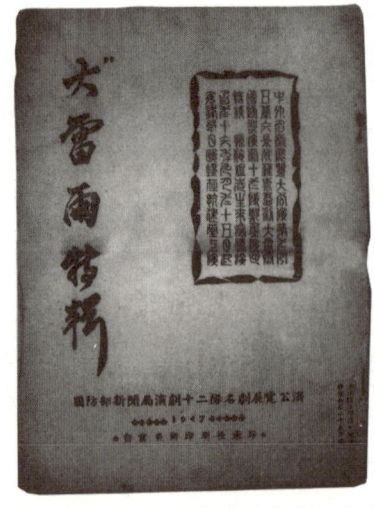

1947年9月25日，演剧12队在抗建堂演出俄国名剧《大雷雨》（供图：石曼）

1948年2月，怒吼剧社在抗建堂演出柯灵改编的《飘》（供图：石曼）

1945年10月24日，洪深编剧的《鸡鸣早看天》在青年馆演出（供图：石曼）

1948年10月27日起，演剧12队在抗建堂公演《清宫外史》（供图：石曼）

重庆怒吼剧社排练的神话剧《牛郎织女》，先在成都演出。1944年4月5日在重庆抗建堂演出。该剧说明书广告亦丁聪设计（供图：石曼）

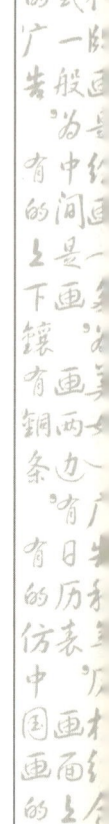

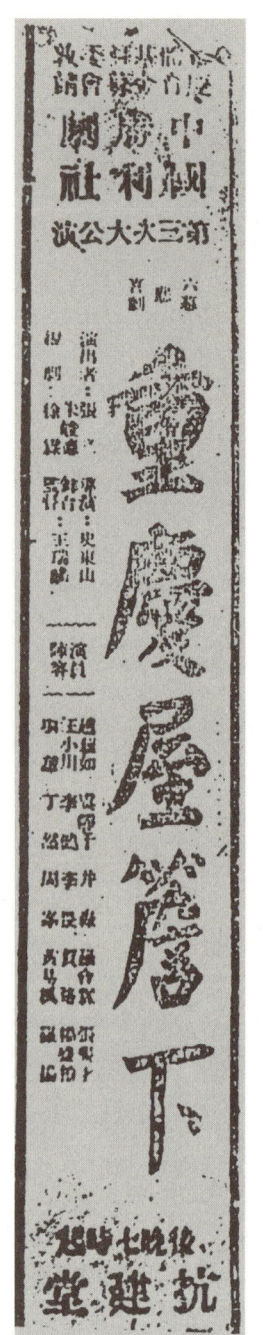

重庆人都想看《重庆屋檐下》发生的人和事。《重庆屋檐下》自1944年9月演出后卖座奇好。图为第三次公演的广告（供图：石曼）

抗日时期重庆话剧演出空前繁荣，演出广告亦精彩纷呈。话剧《两面人》演出时，借剧中两面人祝茗斋名义刊登来渝启事，以宣传该剧。成为传诵一时别出心裁的广告（供图：石曼）

"人生如黑夜行路，失不得足。"这是著名剧作家于伶的《长夜行》中的名句，抗战期间广为流传在大后方，示人应坚贞爱国。图为1942年11月24日刊于重庆各报的演出广告（供图：石曼）

阳翰笙的《草莽英雄》被当局查禁三年后，1946年2月10日由中国胜利剧社在青年馆演出（供图：石曼）

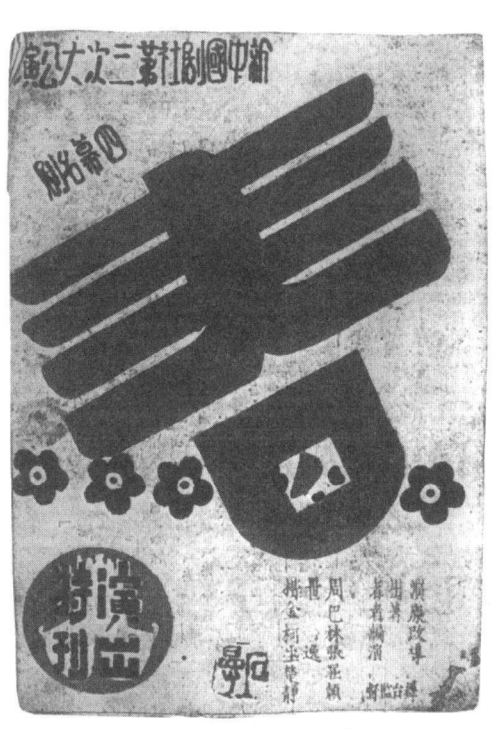

1947年3月16日，新中国剧社在抗建堂演出根据巴金的小说《春》改编的话剧（供图：石曼）

1951年重庆市文工团在红旗剧场（即抗建堂）演出《钢铁是怎样炼成的》（又名保尔·柯察金）（供图：石曼）

重庆中华剧艺社应邀在成都演出巴金的《家》（曹禺改编）。这幅《家》的说明兼广告的封面丰富多彩、内容充实，令人叹为观止，系著名美术家丁聪设计（供图：石曼）

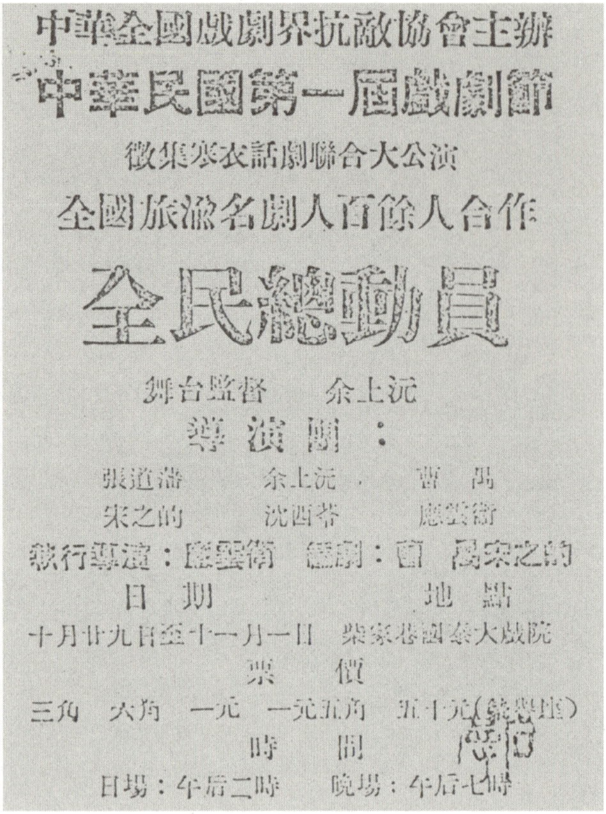

1938年10月在重庆演出的话剧《全民总动员》盛况空前。这是演出的又一种广告（供图：石曼）

国立剧校1938年5月在重庆国泰大戏院的演出广告（供图：石曼）

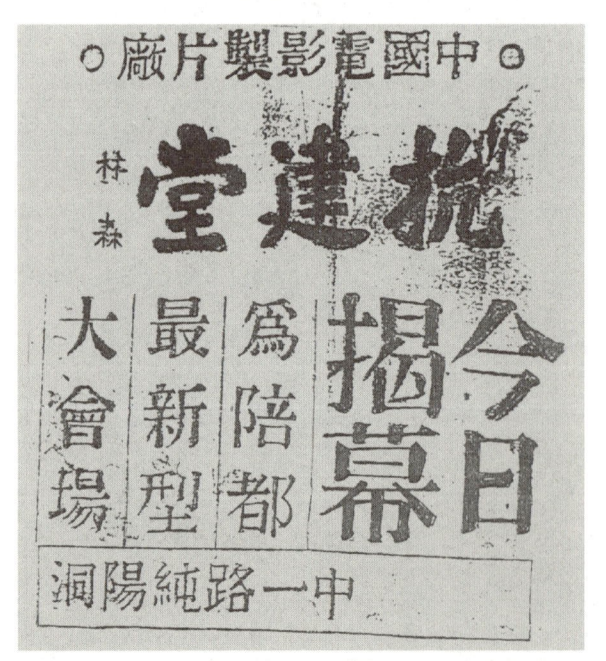

1941年4月5日重庆抗建堂剧场揭幕首演话剧《国贼汪精卫》，这是刊于重庆各报的广告（供图：石曼）

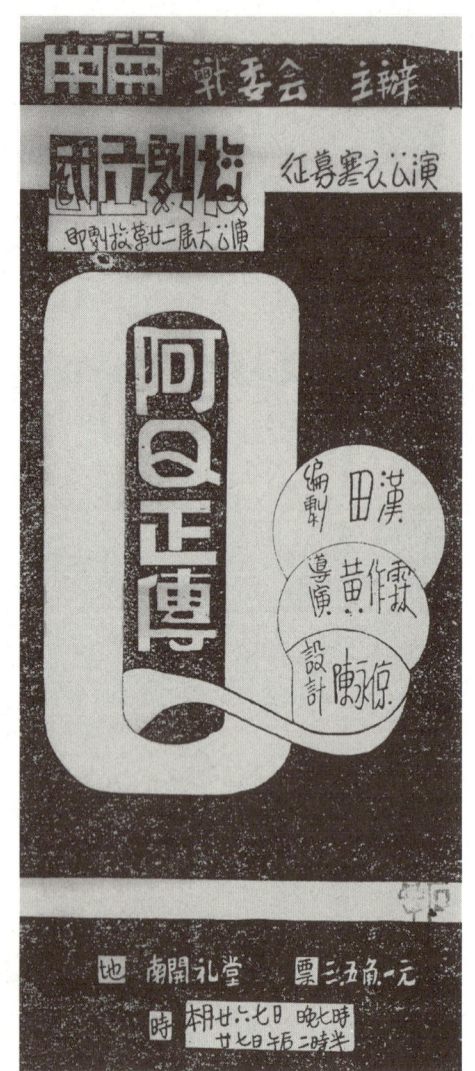

名作、名导《阿Q正传》1938年11月在重庆沙坪坝南开礼堂演出（供图：石曼）

中华民国第一届戏剧节广告，详细备至的剧目及工作人员的名单，为历史留下重要史料。刊于1938年10月重庆《新蜀报》
（供图：石曼）

1938年10月空前盛大的中华民国第一届戏剧节广告
（供图：石曼）

1942年4月3日在国泰大戏院上演《屈原》是抗战期间重庆演出话剧最为壮观者。此为《屈原》巨幅广告（供图：石曼）

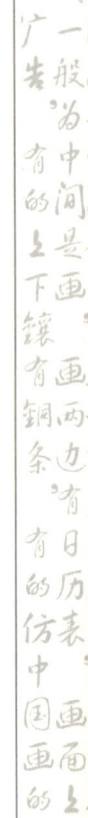

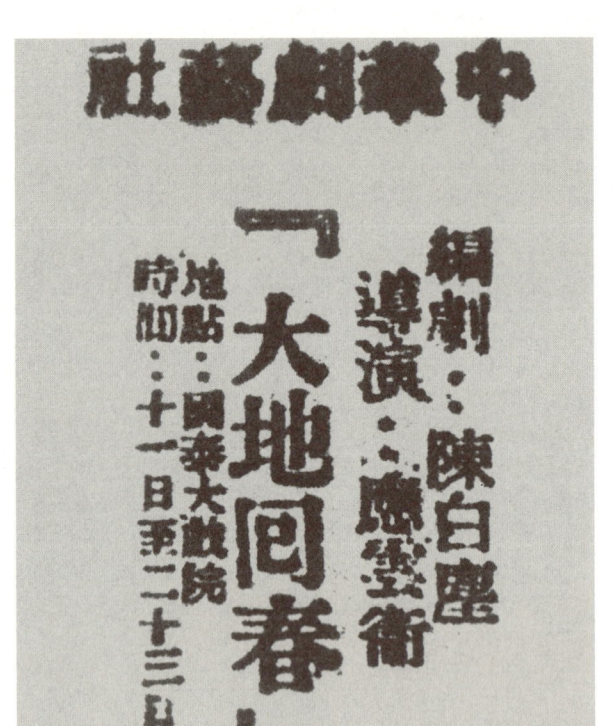

吴祖光的传世名作《风雪夜归人》演出时，周恩来不顾山高，七次爬坡到抗建堂观看此剧。这是1945年再次演出该剧的广告（供图：石曼）

1941年中华剧艺社成立，10月11日首演《大地回春》，同时拉开了著名的重庆雾季演出的帷幕（供图：石曼）

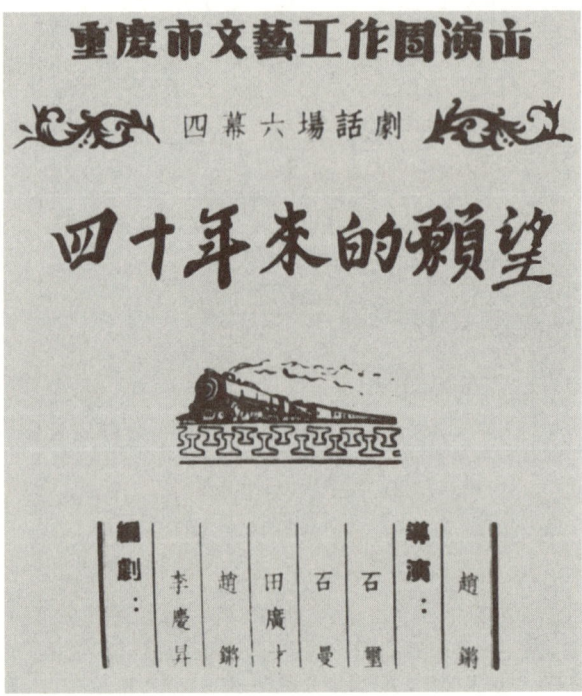

1952年重庆市文工团演出该剧团创作的《四十年的愿望》，在红旗剧场及各厂矿共演出一百七十余场（供图：石曼）

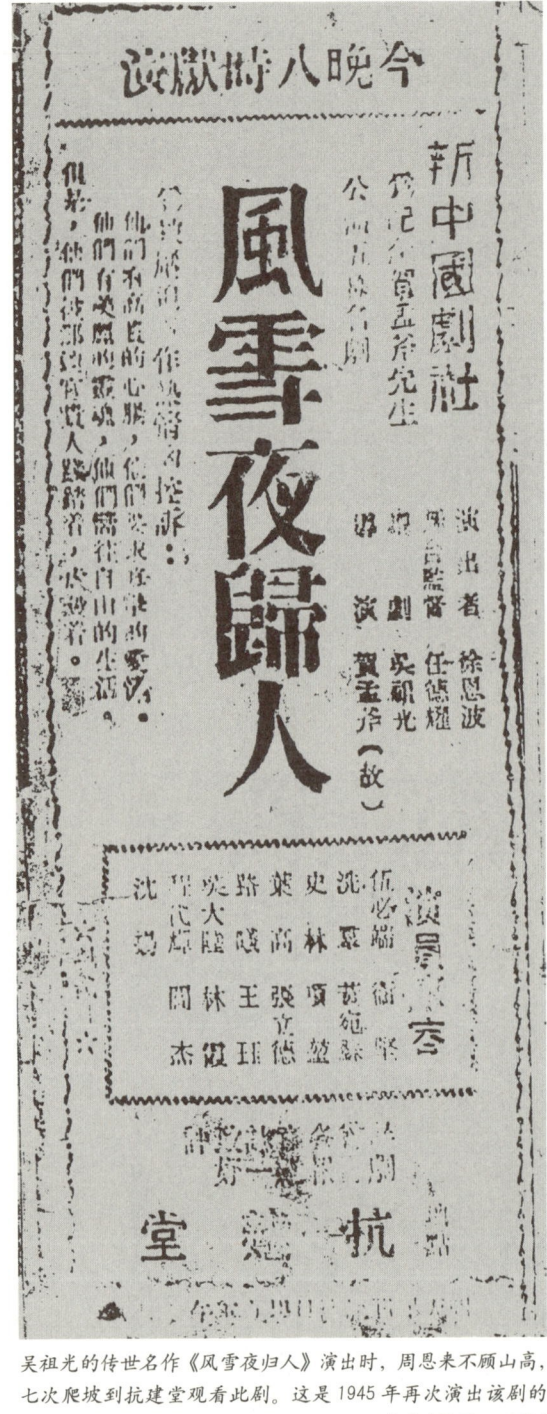

戏剧大师曹禺的巅峰之作《北京人》1941年首演于重庆抗建堂，这是该剧当年演出的广告（供图：石曼）

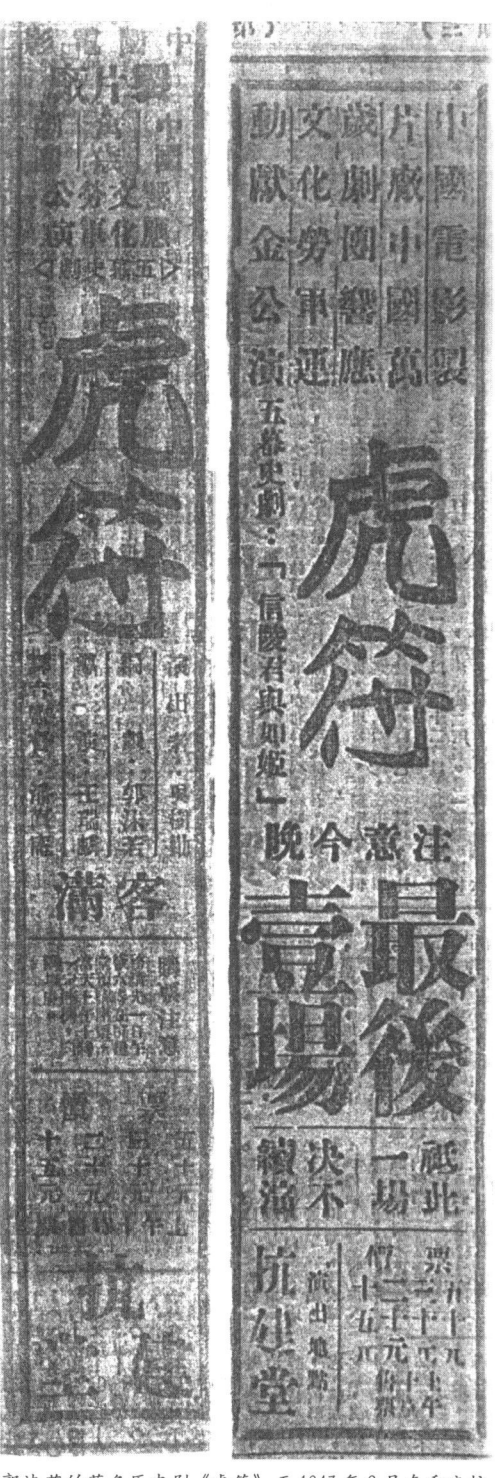

郭沫若的著名历史剧《虎符》于1943年2月在重庆抗建堂演出，图为"客满"及"最后一场"的广告（供图：石曼）

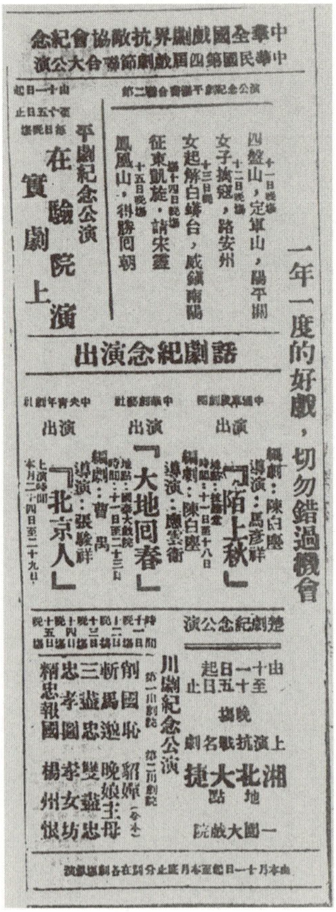

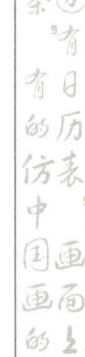

1941年10月10日为纪念第四届戏剧节刊于重庆各报的广告（供图：石曼）

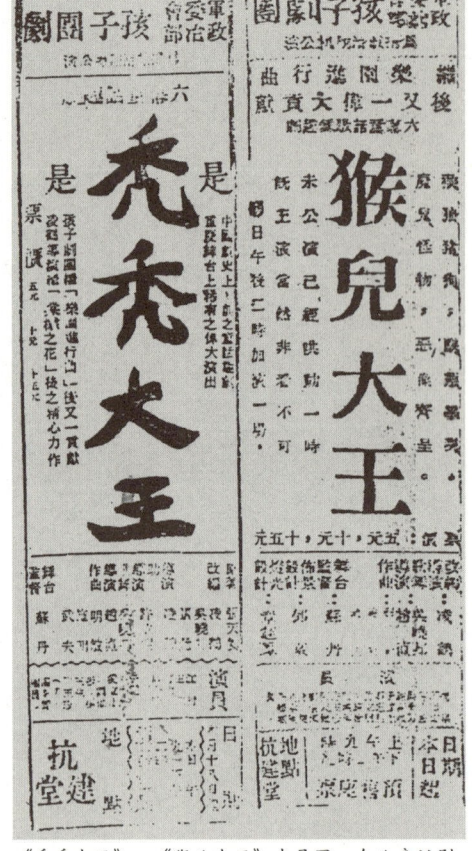

《秃秃大王》、《猴儿大王》本是同一个儿童话剧，只因"秃秃"犯了"蒋委员长"头发稀少的忌讳，被禁止演出，改"秃秃"为"猴儿"重新演出。图为一出话剧两种剧名的广告（供图：石曼）

中国第一部大歌剧《秋子》1943年演出于重庆抗建堂。该广告见当年1月19日《新华日报》
——（供图：石曼）

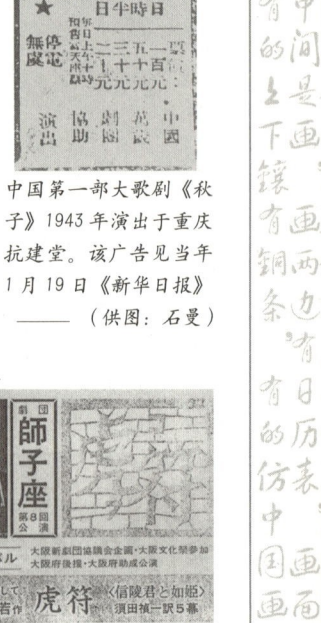

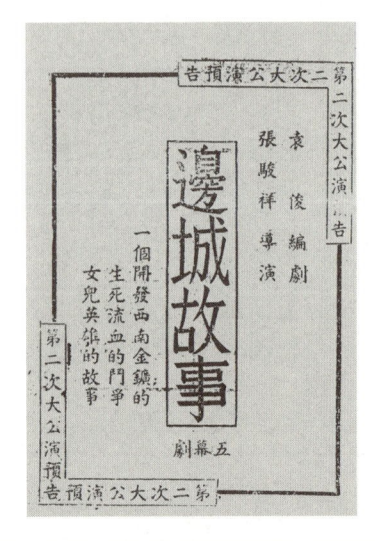

手法翻新，引人注目，是做广告的花招。这幅演出广告，无剧社名、时间、地点刊出。实为1941年5月9日中央青年剧社在国泰大戏院演出五幕话剧《边城故事》的预告（供图：石曼）

日本狮子座剧团演出郭沫若《虎符》的广告（供图：石曼）

都市窗口的橱窗广告

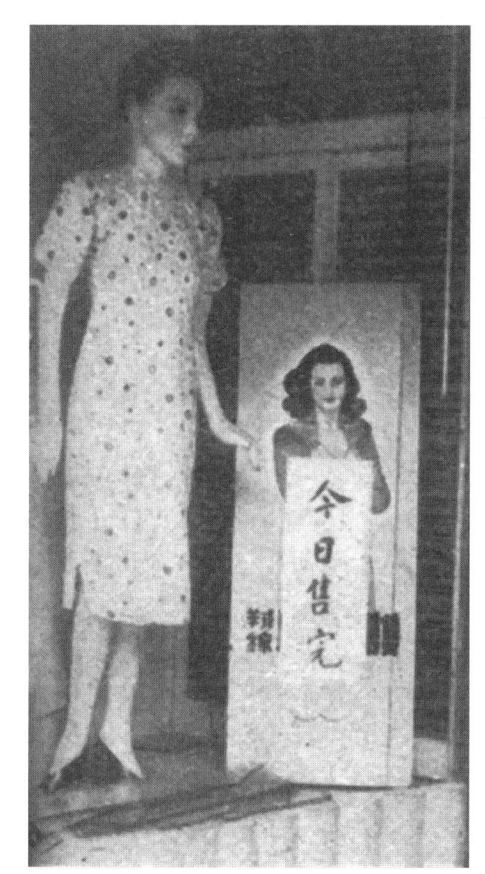

橱窗广告的前身是店面装饰和店堂陈设。除了流动的商贩和固定的集市，传统商业经营方式主要以店铺为主。店铺往往屋宇雄伟，门面广阔，沿街而立。商家为了使人易于辨认、显示经营资本、取信于人、招徕生意，除幌子招牌外，还很注意店面装饰和店堂布置。传统商家喜用彩楼欢门、雕栏画檐吸引人们的眼球。孟元老《东京梦华录》"凡京师酒店，门首皆缚彩楼欢门"。《梦梁录》"汴京熟食店，张挂名画，所以勾引观者，留连食客。今杭城茶肆亦如之，插四时花，挂名人画，装点门面……列花架，安顿奇松异桧等物于其上，装饰店面，敲打响盏歌卖……"到了近现代，坐贾极力展现自己的商品，利用沿街橱窗，作为宣传窗口。商店大门两旁，位置重要，商家将其开辟成橱窗，橱窗四周有的用皱纸、彩纸装饰一下；有的利用皱纸作底色以衬托商品，有的将皱纸条钉在橱窗四周，拉到橱窗中心，形成方形透视形式，以增强衬托商品的效果。

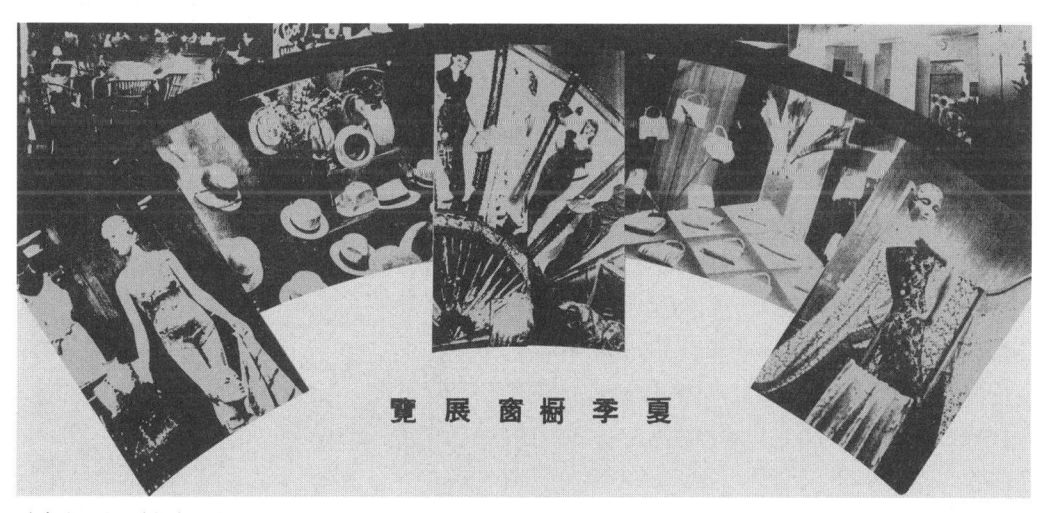

引领时尚的橱窗广告

琳琅满目的夏季橱窗展览

陈列在橱窗里的夏季时尚女鞋

商家将经营的重要商品，巧妙构思，设计陈列成富有装饰美的货样群，进行实物广告宣传，以直接吸引和招揽顾客。这就成为早期橱窗广告。百货业、糕点业常利用橱窗广告作宣传。30年代，受国外商业影响，外国橱窗布置图案和陈列道具被介绍到国内，橱窗陈列布置更显美观、整洁，对顾客更具吸引力。橱窗广告在设计上依据商店橱窗外形与结构的特点进行构思，利用铅丝、绳子、木条等把橱窗布置得层次分明，起伏有致，以日光灯或白炽灯照明和烘托商品，有的用票签标明商品价格，一目了然。有的橱窗还用霓虹灯点缀其中。抗战时期，重庆橱窗广告已相当普遍，制作精美。商铺林立的"下半城"，商品橱窗琳琅满目，为战时"陪都"增添了现代文明气息。重庆百货店、布匹店、拍卖行的橱窗以及内部货物陈设，都是极合时宜，多以红绿相间色调的货物陈列，好像特别为这座城市装点春意。1947年春，西大公司开业，这是一家综合性的大型企业公司，有规模宏大的百货商场、正宗川味的中餐厅、优美舒适的露天咖啡茶座，在山城曾经盛极一时。它的出现使重庆的中国百货公司、华华公司、上海公司等大型百货公司业务和小洞天、醉东风、重庆餐厅

时尚皮鞋的陈列

偏僻的江津，也有华华商业公司的足迹

112

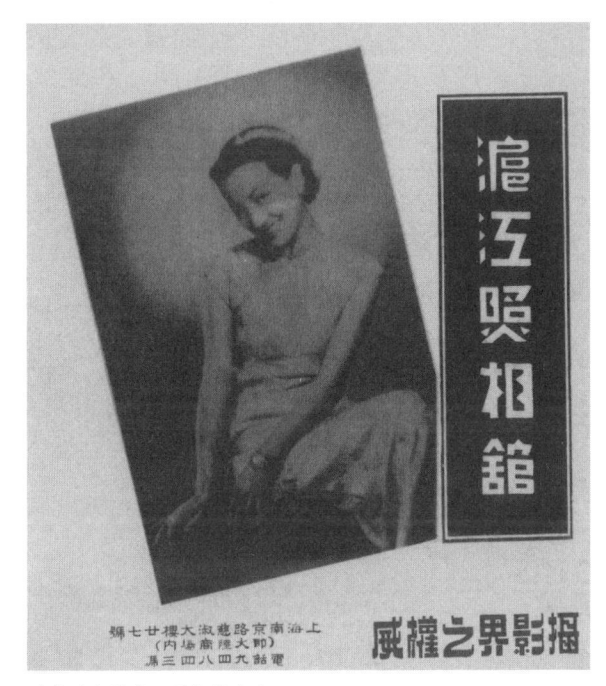

时尚美女写真，照相馆广告

圣爱娜糕点广告

等中餐业务受到冲击。西大公司位置适中，商场前后分别是米花街和都邮街，临街皆有橱窗广告，日光灯、霓虹灯闪烁其间，大小百货、呢绒绸布、五金糖果、文具玩具、古董字画陈列其中。经理刘云翔派人专程去上海学习商场布置、货物陈列，从上海买来

药店橱窗里琳琅满目的滋补品

古玩店博古架上陈列的古董

玻璃作货柜货架的台面。商场里灯火明亮，夏有电扇，很吸引人。1947年5月，夏意又浓，咔叽布制成的香港衫与西装裤，已在重庆商店橱窗中露面。"春色未老，夏意又浓，于此可见商人敏感之程度，橱窗装饰催人老，春色未归夏意浓，短裤咔叽一刹那，慢慢又见骆驼绒"。7月，重庆夏色尚未终场，秋色已含羞上市。这时商店老板头脑是最敏感的。橱窗里已陈列上大批绒线，羝羊牌、蜜蜂牌毛线价格不菲，冬季的毛织品，将是有钱人方能享用的东西。距离"中秋"还有半月，食品店的橱窗里就已经摆满了月饼，各式各样：苏式、广式、豆沙、火腿，不一而足，价钱起码是上万元。"汉宫"玻璃柜里陈列了一个冠生园出品的"群星拱月"大月饼。圣诞节，糖果店的橱窗里挂着圣诞老人的画像；君新相馆玻璃橱窗里的样片又换了几张，色调柔和、鲜明艳丽。著名工艺美术画家蔡振华为商务印书馆的橱窗绘制了屏风型装饰图案，橱窗里陈列了最近新书。

在重庆，说到"华华公司"，无论是城里人，还是乡下人，大多数是不会感到生疏的。这不仅是因为该公司本身已拥有悠久的历史，不薄的声誉，也因为该公司是与重庆人朝夕相聚，患难与共，足足有十个年头的朋友了。该公司位于民族路转角处的那幢高楼大厦，处于市内交通要冲，大厦建筑本身便是最好的广告之地，门头上到处都挂着"绸布呢绒、百货服装、发行礼券；绸布呢绒、高尚百货、精致服装"的招幌，临街都是灯光璀璨、色彩缤纷、华丽典雅的橱窗，陈列着光彩夺目的商品。服装橱窗，一对时尚男女模特儿营造着温馨场景。男模特身着时尚面料，做工考究的西装，女模特上半身着西装领带，下半身穿裙子，二人相

美美公司的图书广告

会，深情款款。背景是熠熠闪光的绸布，毛绒绒的呢绒。五和织造厂出品的"鹅牌"衫橱窗广告很有特色，五只大白鹅神态各异、栩栩如生、气宇轩昂地游在水中，四周摆着一系列汗衫、棉毛衫。"五鹅"的谐音是"五和"，鹅的白色羽毛象征汗衫、棉毛衫的洁白，该橱窗广告很有创意，对于今天的广告业仍不失借鉴意义。

"华华公司"致力于民族商业的建设，功勋卓著。据宇宙新闻1947年2期报道，"华华公司为主人王延松氏所经营，王氏浙江上虞人，早年参加革命，亦沪商界巨子，王氏于民国十二年创建'大新绸缎局'，于二十二年始在沪设立'华华绸缎局'，

位于民生路转角处的华华公司橱窗广告

五和织造厂的鹅牌系列衫橱窗广告

20年代重庆商店的橱窗广告

并将'大新'并而为一。该公司创业之初，范围本极平凡，唯王金黄运筹见长，独具远视，且待人温厚，尤能辅导干部之忠实合作，故业务开展，颇为顺利。及今年二十余年，该公司分支店曾遍设上海、汉口、重庆、江津、成都、香港等地，且一再改进为新近之'华华企业公司'，营业范围亦由简单之贩运绸缎，扩大到纱布、呢绒丝绸、西药、五金、日常用品等，商业品之运销，并自设工厂，兼营其他有关商品之制造业务，因此声名远播，信誉日孚，而有今日之显著地位。尤忆抗战期间，该公司业务重心偏于重庆，前值本市轰炸时期，该公司在市区店址，曾经几次炸毁，职员罹难者有之，幸其主人坚韧不屈，旋毁旋修，卒维生存，且犹光大。胜利以后，该公司汉沪两店，相继复业，王氏返沪其华西区分支店业务，则由该公司管理处经理叶威氏留渝兼理主持。目前国内经济动荡，物价飞涨，一般购买力极度削弱，工商业重临危难局面，而该公司营业，于重庆仍能独树一帜，鲜与伦比，其一往服务精神，努力不懈，植信人心，近悦远来，固有以致之也。"

民生路新华日报社的新书橱窗

宝圆通总公司下的宝圆渝分公司，代理美国洛克菲勒财团的美孚煤油、德士古"红星牌"煤油。重庆人屈指比较洋油与桐油的优劣，一致认为洋油不及桐油耐用，纷纷拒绝购买洋油。宝圆渝就定制了款式新颖、式样丰富的灯具，宣传为"节油灯"。并布置了灯具橱窗，引得市民纷纷观看。宝圆渝趁机向市民免费赠送精美的"省油灯"。

橱窗广告不仅讲究陈设布置，还讲究橱窗广告语言艺术。民国时期，重庆几家越南商店橱窗上的广告语很有意思。面货店橱窗广告语："本店店员待人温和，有如为父欲嫁其女"；鲜花店橱窗广告语："本店鲜花有如少女灵魂"；牙医广告语："本医师拔牙时，舒适异常，令君如食冰激凌"；文具店橱窗广告语："本店所售各纸坚固异常，有如象革"；面包店橱窗广告语："本店送货之速，有如十寸炮弹射程"。

橱窗广告是近代城市经济文化的一个重要窗口。

116

美轮美奂的霓虹灯广告

当法国出现了一种发光艳丽的霓虹灯后，世界被它艳丽的光亮所吸引，迅即被应用为广告工具。霓虹灯系用玻璃管制成，按照图样在煤气火焰上弯成各种文字及图案，然后在玻璃管两端配制铜电极，使它真空后，灌注氖、氩等各种稀有气体，通过高压电源变压器而发光。它可以安装在铁壳或木制底板上或装扎在铁框、玻璃框上，也可悬挂在室内外和橱窗内。1926年，上海南京东路伊文思图书公司的橱窗内首次出现霓虹灯广告，宣传"皇家牌"（ROYAL）打字机的英文广告。在汉口，南洋兄弟烟草公司投资兴建了一座大楼，在楼顶上竖起了"大爱国"、"大长城"、"大喜"三块巨幅广告牌，这些广告牌每到夜间就彩灯闪烁，蔚为壮观，给人留下深刻印象。1910年，重庆"烛川电灯公司"成立，私家安装电灯，街道也有了照明，夜间，街市商铺招牌明亮。1927年2月，应商人要求，重庆商业场首创夜市，准许场内店铺和外来摊贩设点营业，市场灯火通明，招牌闪亮。30年代，重庆电光源工业兴起，重庆店铺招牌、路牌更是明亮。"美丰银行"招牌系用霓虹灯做成，每到夜间，五彩闪烁，煞是好看。1931年，陈淑敏、陈敦川两兄弟创办重庆牛奶场，重庆才有了第一家企业化的牛奶场，由于渝城百姓没有喝牛奶的习惯，牛奶营销一直不景气。陈氏就到处打广告宣传，1938年，陈氏兄弟在民生路办事处墙上安装了红花浅色霓虹灯，"鲜牛奶"三字用霓虹灯制成，鲜艳明亮，十分夺目，这是重庆最早的霓虹灯广告之一。"陪都"时期，重庆的霓虹灯广告更是日益普遍，茶楼、酒肆、商铺的文字招牌大都用霓虹灯制成。战争期间，重庆的电源不充足，但闹市区的茶楼、酒肆、餐馆、舞厅、商店的霓虹灯仍闪闪发光。行人看货物少，看霓虹灯者多，山城房屋错落有致，安装屋顶霓虹灯具备天时地利，冠生园在屋顶上装置"上海冠生园糖果饼干厂"霓虹灯招牌，晚上光耀夺目，十分引人注目。40年代后，重庆陆续开设了霓虹灯厂，其中，最有名的是"大华霓虹灯厂"，不仅能承制文字霓虹灯广告，还能制作造型别致的霓虹灯广告。"心心咖啡馆"门首上的两颗紧紧挨着的心用霓虹灯管制成，每到夜间，就熠熠闪亮。山城重庆每当夜幕降临时，华灯初张，天际嫣红，浑疑天女散花，还当嫦娥再世。

霓虹灯光亮耀目，色泽鲜艳，闪烁活动，引人注目，成为现代大城市建设不可缺少的一项点缀，更是广告宣传方面的良好媒介。

不是吹牛胜于吹牛的重庆牛奶场广告

欣欣向荣：广告行业

重庆的广告业经历了清末民初的萌芽时期、抗战的黄金时期、解放战争的衰落时期。从事广告业的人、蓬勃发展的广告公司、规章严谨的广告管理，无不打上了时代的烙印。

群星灿烂的广告画家

闭关自守的旧中国，历来重农抑商、工商食官，商业不发达。与之休戚相关的广告业亦经历了苦难的蜕变和涅槃。萌芽时期的广告画家处境危艰。1926年，重庆诞生了第一个专门从事广告的组织——"商余百货公司广告部"。创办人蒲丁侠、高仙白，二人都是研究美术的书画家。蒲丁侠是四川成都人，曾在华西大学肄业，学过西洋画及水彩写生等，在成都基督教青年会工作。20世纪20年代，成都基督教青年会到重庆发展会员，干事蒲丁侠随之来到重庆，主持重庆基督教青年会的美术工作，因工作关系，交际甚广，不久，加入了重庆"商余互助社"，这是重庆商界组织的一个行业协会。自此，他与商界中人往来更密切。1926年，重庆首创现代百货商余公司，特设广告部，公司经理黎豁生带领蒲丁侠到上海，参观上海百货三巨子——永安、新新、先施这样的大型现代百货公司，学习店堂陈设布置和企业的宣传策划。回来后，蒲丁侠策划并亲自参加了商余百货公司的橱窗美化、内部设计、商品陈列以及商品包装捆扎等工作，开业后，取得很大反响。从此，蒲丁侠就离开基督教青年会，专门从事广告工作。重庆自古商业发达，在营销上向来花样不断。众商家们见商余百货公司门庭若市，顾客熙熙攘攘，生意火暴，也都纷纷上门请蒲丁侠帮忙。广告业务愈来愈多，蒲

酒香浓郁的老同兴酒店广告

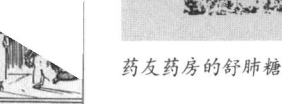

蒲丁侠绘制的广告

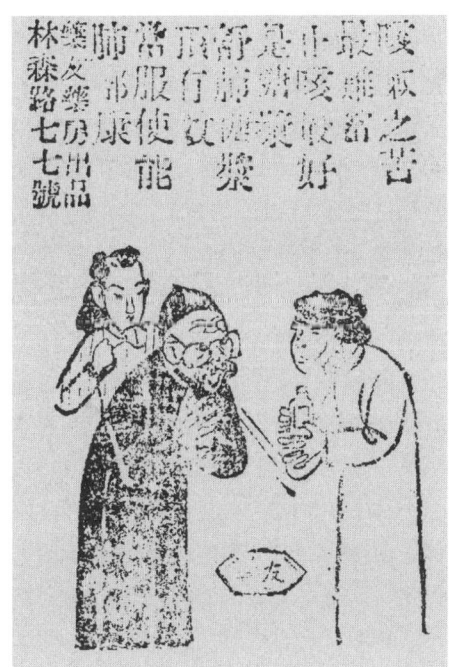

药友药房的舒肺糖浆广告

丁侠忙不过来，就请"商余互助会"会员高仙白帮忙。高仙白是涪陵人，较蒲丁侠年长，精通国画和书法，为人忠诚，原在涪陵开设书店，其弟是基督教青年会会员，与蒲丁侠认识。经蒲丁侠介绍，加入"商余互助会"。蒲丁侠长于绘画，高仙白长于书法，二人天然搭配，相得益彰，交往甚密。商余百货公司广告部的业务日渐兴旺，蒲、高二人决议开设一家独立的广告公司。经筹划，正式成立"美术广告社"，地址在陕西街商余互助社二楼。蒲丁侠负责对外一切联络、广告业务策划等管理工作。1928年，身体瘦弱的高仙白因患肺结核，医治无效，去世。次年，蒲丁侠亦因患同样疾病，死于宽仁医院。

在蒲、高二人的美术广告社之后，重庆也相继出现了其他广告社，其业务种类、广告范围、宣传方式、绘画技巧等，也不断创新。随着抗战爆发，重庆成为"陪都"，不少工商业内迁到重庆，广告

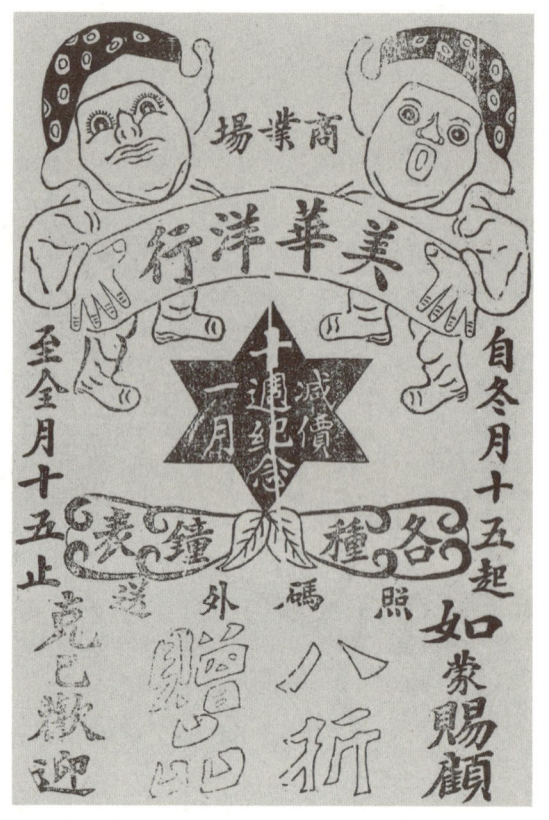

土烟与洋烟的较量　　　　　　　　重庆商业场美华洋行广告

业也随之迎来了它的黄金时期,广告画家人才辈出。

　　1919年,万从木赴日留学,毕业于日本东京美术学校,回国后,在景德镇瓷厂任画师。后回到重庆,在重庆中法大学、川东师范、第二女子师范学校美术系任教师,1925年,创办西南美术专科学校,兼任校长。万从木精通中西绘画,尤其擅长山水、人物。1922年,与美术家杨公托共同发起成立了重庆美术社,出版《美术世界》刊物,推动了重庆地区的美术活动,培养了美术人才。民国年间,月份牌画很流行。全国涌现了一批著名的月份牌画家,其中老的有徐泳青、周柏生、郑曼陀、周慕桥,后来有杭稚英、金梅生、张碧梧等。其中,胡伯翔擅长水粉画广告,张光宇专攻图案广告画,丁悚专攻白描人物广告画。随着抗战爆发,全国许多著名的美术家先后来到重庆,其中,叶浅予等人组织的上海漫画会、中华全国漫画作家协会、上海漫画界救亡协会在敌后开展了丰富多彩的美术宣传活动,如油漆广告、货物包装等。房屋墙壁、西洋绘画卡片、门神、月份牌、商标等媒介上都留下了他们的杰作。高龙生先生是著名的漫画家,1903年出生于山东蓬莱,早年在天津从事广告画工作,并任《天津漫画》编辑,后为《午报》美术编辑。在南京工作期间,作品《国破山河在》得到第一届全国漫画展览好评。抗战时期,居住重庆,积极投身重庆美术界的活动,在《陪都晚报》、《重庆新民报晚刊》上常能见到他的作品。其作品题材广泛,

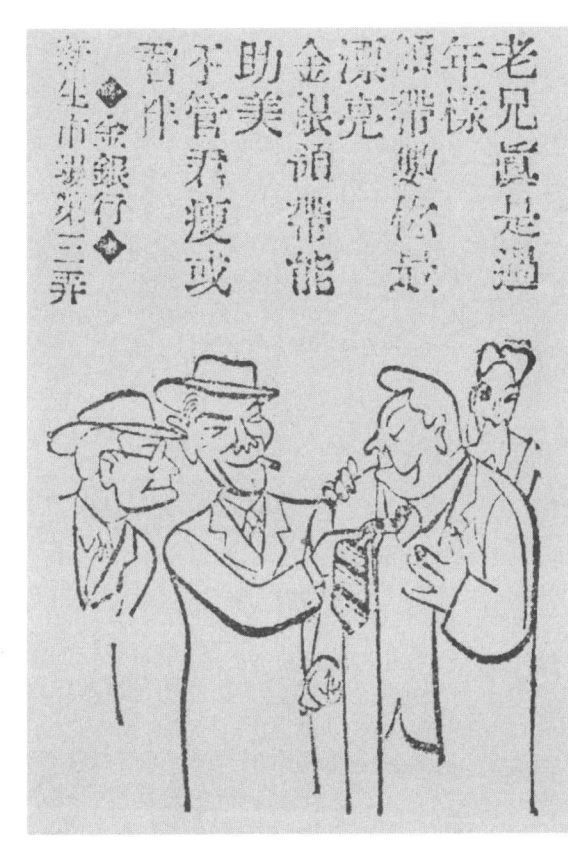

老兄真是邋遢年样
领带救你哉
漂亮
金银领带能
助美
不管君瘦或胖
新生市场第三弄
◇金银行◇

三分人才，七分领带，金银行的金银领带添秀色

漫画家丁聪的作品

风趣幽默。他在太平洋广告社时，为大城烟草公司绘制了连环漫画广告《八百壮士日记》，刊登在1947年2月21日到3月22日的《重庆新民报晚刊》上，每天一幅四格"日记"。"日记"讲述了大城烟草公司出品的香烟"八百壮士"的无穷魅力，以及带给八百壮士的无穷力量。如3月21日的《八百壮士日记》"①碰！碰！碰！我们在射击着敌人。②机枪突然失灵了，花和尚老鲁居然拿一支美式的枪管子（一支八百壮士香烟）换上应急。③这一种新式武器火力果然很强。④八百壮士香烟确实是一种消仇（愁）的利器哟！"张光宇也是一位著名的画家。1921年到1925年任南洋兄弟烟草公司广告部绘画员，之后在英美烟草公司广告部工作七年，30年代至40年代，创作了大量装饰画、抗战漫画。蔡振华擅长工艺花边广告画，重庆的许多橱窗里都留下了他的杰作。他设计的"回力牌"球鞋广告，堪称鞋类广告的经典。胡伯翔近代著名的广告画家，擅长以中国山水技法画水彩风景，20世纪30年代知名于上海广告界，1917年，他受聘于英商兴办的英美烟草公司，创制的月份牌技法领一代风骚。张聿光、张正宇、叶浅予等艺术家都从事过广告绘画。

抗战时期，重庆的广告画家人才济济，群星灿烂，是他们的辛勤劳作，使重庆的广告事业取得了辉煌的成绩。

中国早期漫画家和月份牌画家的一次难得合影。左起：郑曼陀、潘达微、丁悚、李慕白、谢之光、丁云先、徐咏青、张光宇。

摄于20世纪20年代初

1945年在重庆的部分漫画家
前坐左起：汪子美、沈同衡、张光宇、谢趣生、叶浅予、高马得、张正宇；后立左起：叶苗、叶冈（当时在重庆的漫画家还有余所亚、黄茅、高龙生、宣文杰、洪荒、韩尚义等）

123

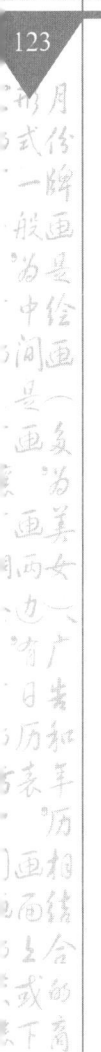

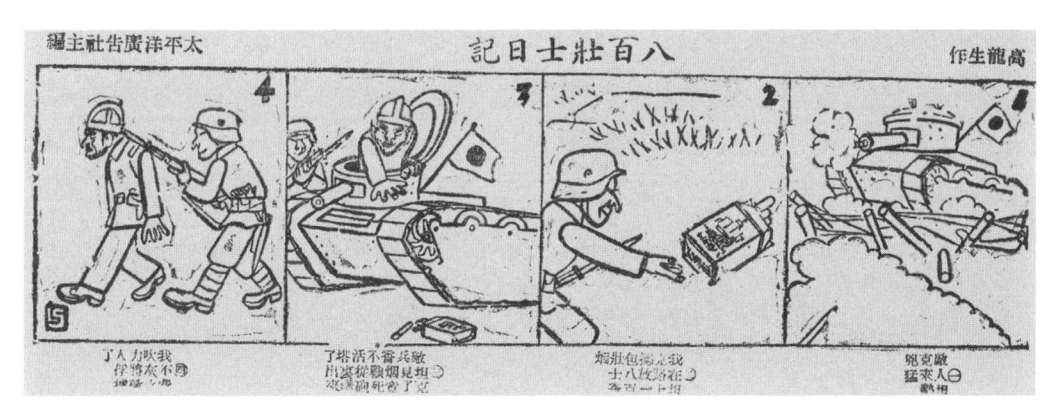

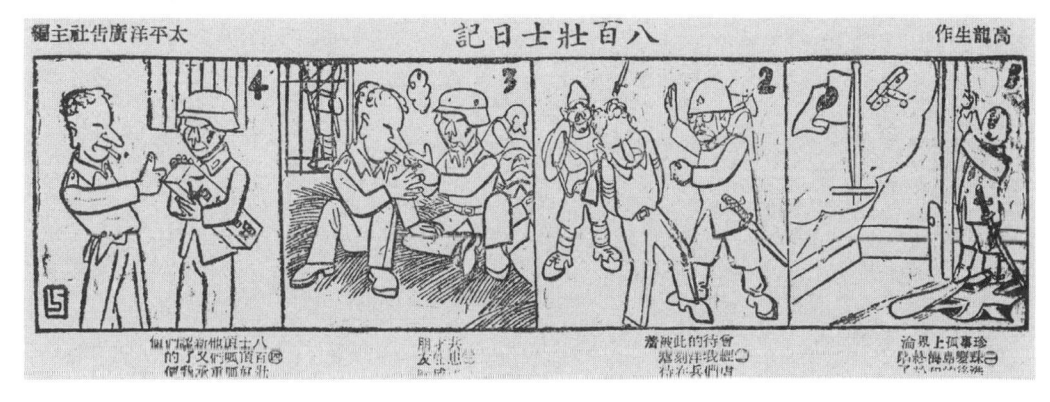

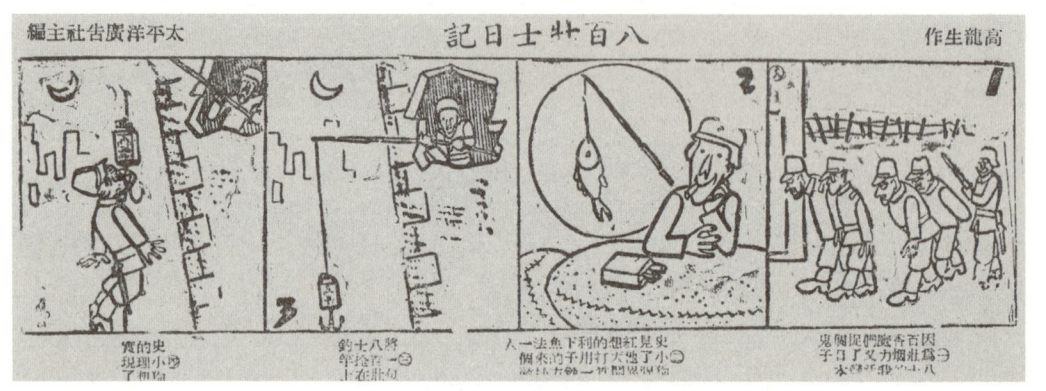

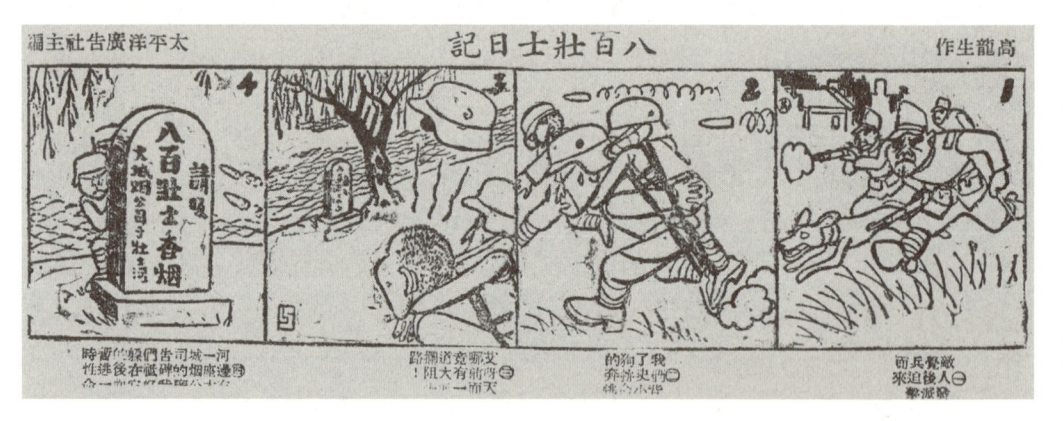

老广告

广告形式一般为中间是画，画两边"为"字画面上下或下方印有日历表，有的仿中国画的装裱方式，上下镶有铜条，有的商家的广告

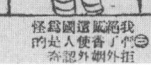

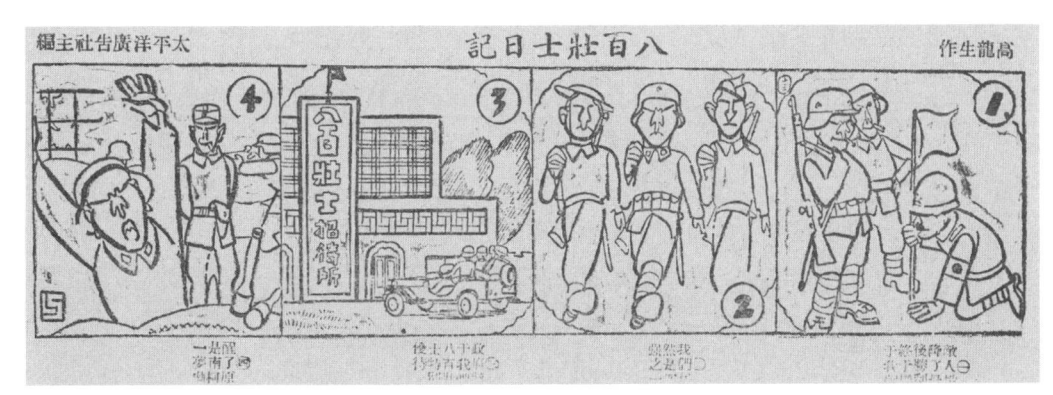

月份牌画一般是绘画(多为美女)、广告和年历相结合的商业化产品。形式一般是画中间是画面,两边是画两边"有日历表",历画面上或下方印有

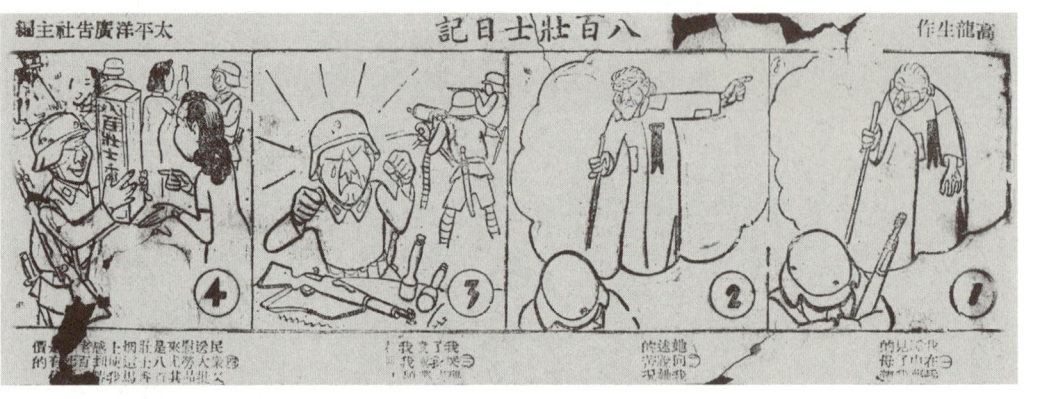

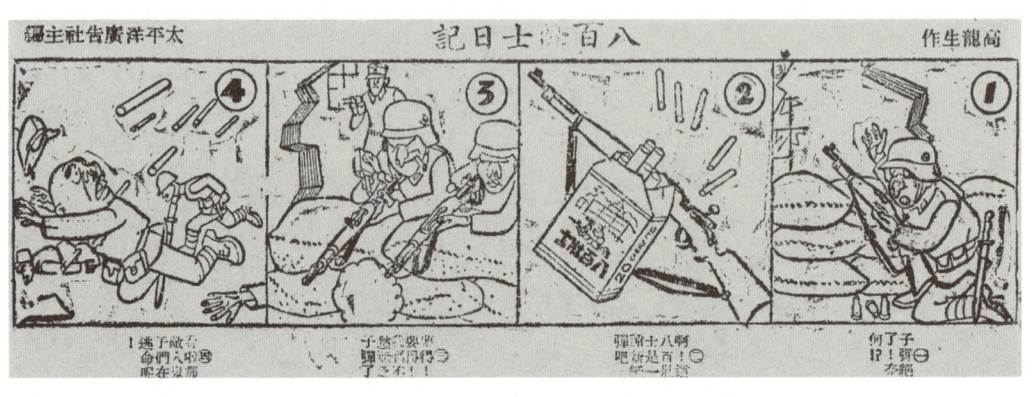

老广告

127

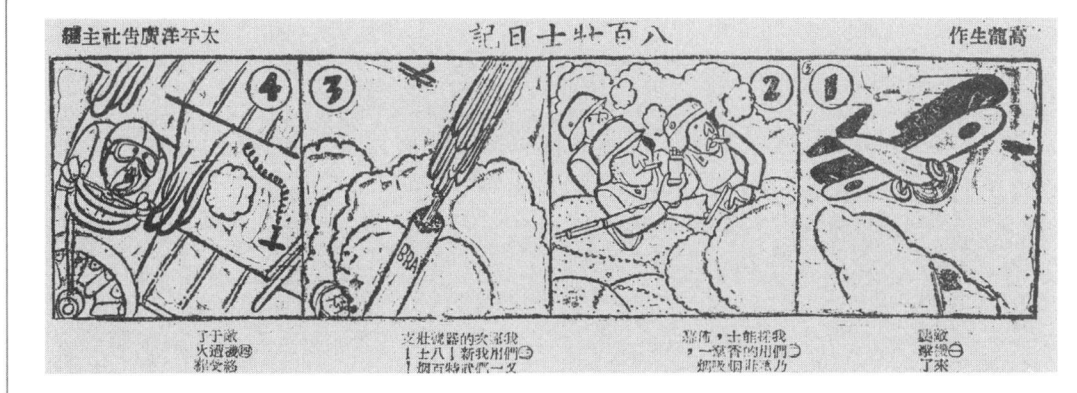

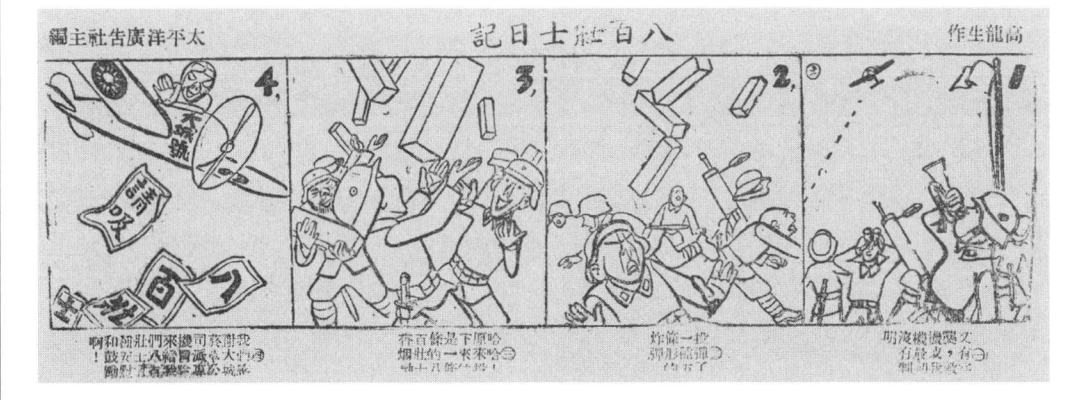

月份牌画是绘画、广告和年历相结合的商业化产品式一般为中间是画面两边或下方印有月历表，中国画面上的装饰方式上一般为中间是画面两边有对联条幅式，有的上下装有洞条，有的方式表中国画面上的装饰方式

128

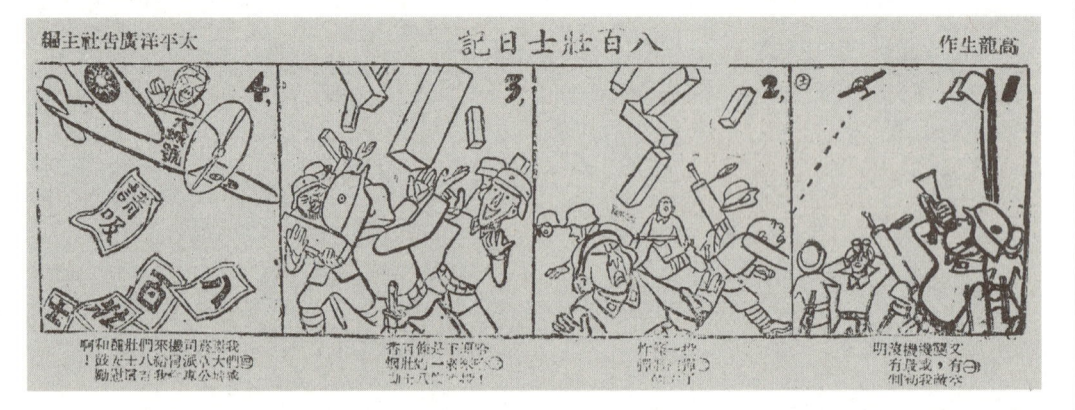

129

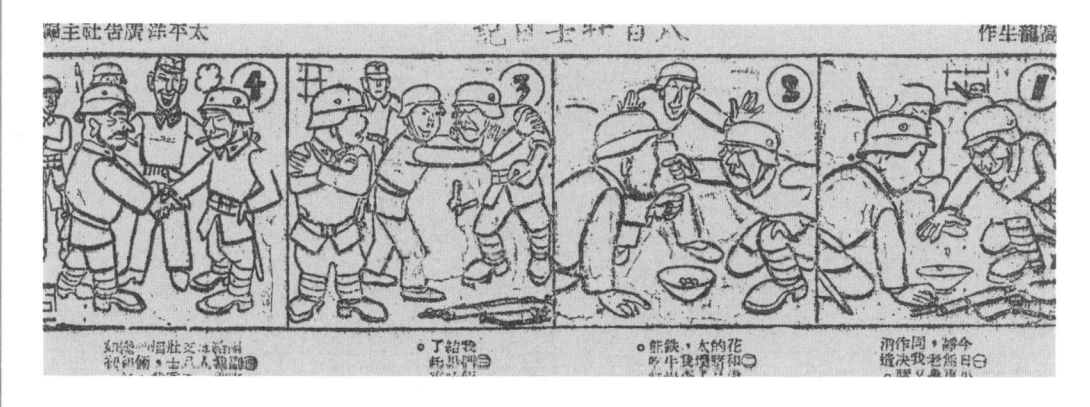

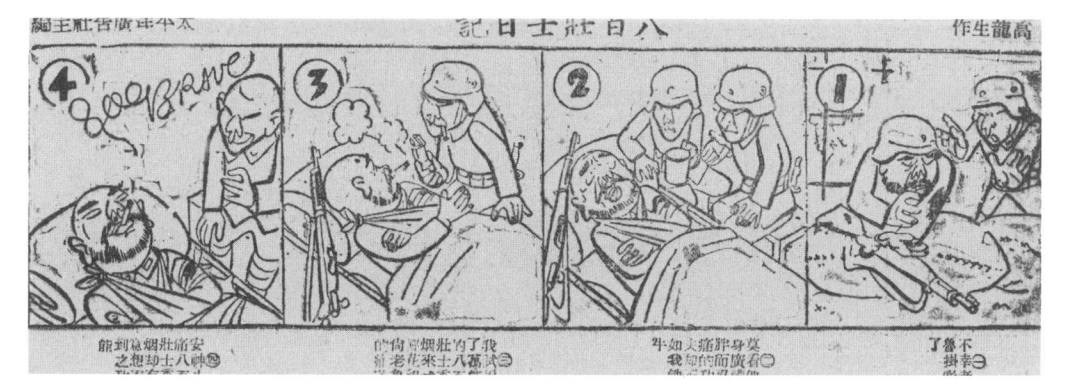

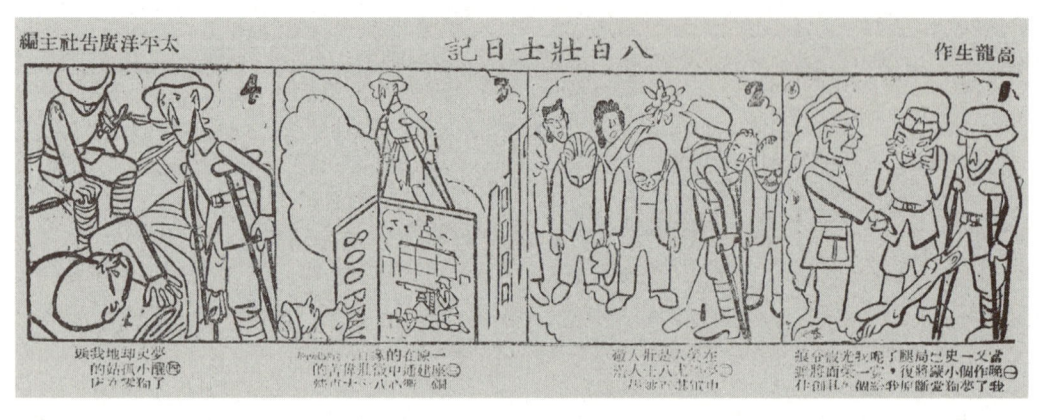

老广告

形式一般"为中间是画，画两边"或上下方印本家的广告，有的上下镶有铜条，有的仿中国画的装裱方式上

抗战时期著名的献金活动

抗战时期重庆的交通

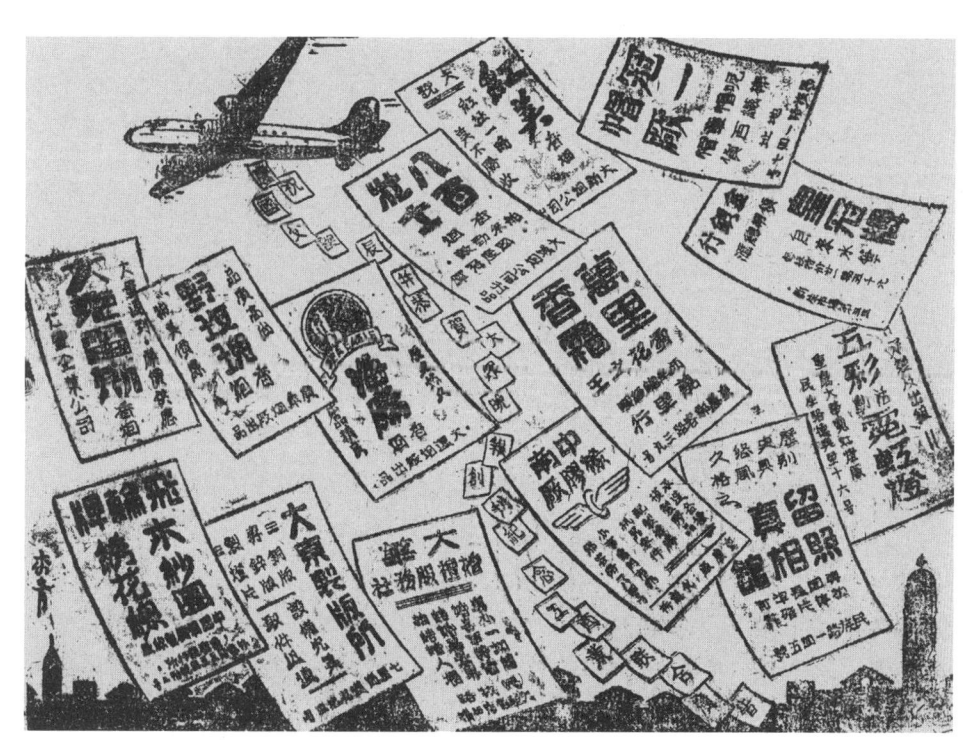

《陪都晚报》1947年11月12日商联合广告

拍卖行  　　　　　　　　　高龙生绘制的卖水烟枪者

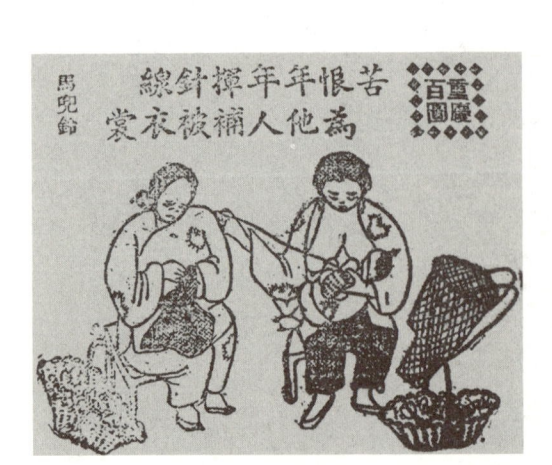

马兜铃绘制的重庆街头缝补衣服摊  　　　叶浅予绘制的王先生重版新书广告

132

蓬勃发展的广告公司

广告成为专门职业,约在19世纪下半叶,始于外商,从此,中国方有专门从事广告经营活动的广告公司和广告专业人员。外商自办的广告公司,规模最大的应是1902年成立的英美烟草公司广告部,下设图画部、橱窗部、动画绘制所、首善印刷公司等部门。我国自己的广告公司,早期的只有报馆广告代理人,做拉广告生意兼卖报纸版面,即广告代理人既是广告主又是广告经营者。报刊广告蓬勃发展以后,广告主与广告经营者逐渐分离,逐渐演变为专业的广告代理人,俗称"掮客",单纯以给报馆、杂志拉广告为业,收取佣金。按清末民初《申报》的办法,凡掮客经手的广告费,是按端午节、中秋节和春节三个节日结账。后来,随着报馆广告业务的不断扩大,报馆内设立广告部,广告代理人逐步演变为报馆广告部的正式雇员。中国自己的专业广告行业诞生在中国现代工商业最为发达、最为繁荣的上海。1904年,中国人开办经营路牌广告的"闳泰广告社"成立,为英美烟草公司制作五彩石印大幅招贴。重庆最早开设为商业服务的专业广告社是在1926年,商余公司成立广告部。商余公司是重庆最早的新型百货公司之一,特设广告部,负责公司店堂布置、商品陈列、橱窗展览、商品宣传。后来出版周刊《商余》,介绍公司商品。该刊用精美的粉红道林纸印刷,八开一张,并附有漫画。随着时代发展,特别是洋商广告的广泛兴起,冲击着传统的国货,为了拯救国货,国货商家纷纷开展多种形式的广告宣传。商余公司的广告业务兴旺,后来广告部独立为美术广告社,开展商业广告服务。20年代,重庆出现了专业的"西南广告公司",后改为"西方广告社"、"东方广告社"、"竞业广告社"三家。30年代初期,重庆本地人唐绍武开办"亚东亚广告公司",主要为洋行做石油、香烟等广告。继起者有"东方"、"新光"、"西方"、"重庆"等广告社。30年代末期,沦陷区的许多广告公司也纷纷迁移到重庆。40年代之后,"陪都"重庆经济繁荣,出现新的广告公司,据统计,"陪都"时期,重庆有"太平

太平洋广告社的椰子霜广告

洋社"、"现代社"、"联合社"、"电声社"、"陪都社"、"唯一社"、"世界社"、"进风社"、"白宫社"、"大业社"、"扬子社"、"百凡社"、"亚洲社"、"宇宙新闻社广告社"、"润泉社"、"大华霓虹灯厂"等大小广告公司约有30余家。这些广告公司中，有100多人的大公司，有3至5人的小公司，也有皮包公司。"太平洋社"是一家规模较大的内迁广告社。其前身是英美商人在上海开设的广告公司，太平洋战争爆发后，日军占领上海，接管了英美商人开设的广告公司，成立了太平洋广告公司。不愿作亡国奴的中国雇员就逃亡到大后方，在"陪都"开始了新的广告业务。该社地址在重庆放牛巷12号，主要经营平面广告和户外广告。平面广告的主要媒介是报纸，一般是《重庆新民报晚刊》、《陪都晚报》，代理商品的广告内容广泛，如香烟、百货、药品等。文字广告居多，图画广告主要集中在香烟，特别是代理

现代广告社的服装广告

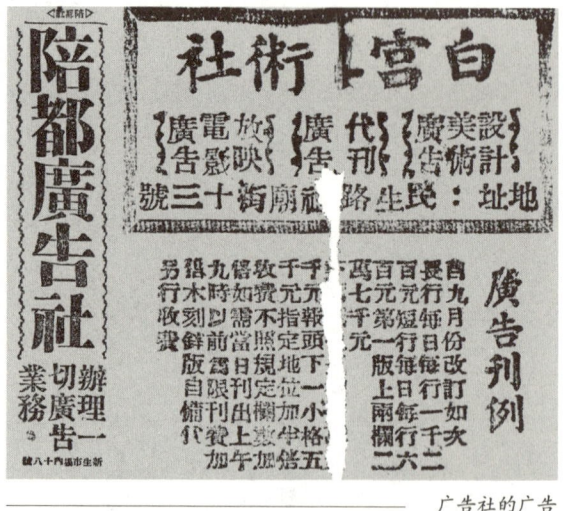

广告社的广告

的大城烟厂的"八百壮士"牌香烟。在1946—1947年间，由李青绘制了系列图画广告，并配上朗朗上口的诗句，且连续大幅出现在《重庆新民报晚刊》和《陪都晚报》的正下版，位置醒目，画面精美。在1947年3月，在《重庆新民报晚刊》同样的位置，又刊登由著名漫画家高龙生先生绘制的连环漫画《八百壮士日记》，一天一幅，一幅四格。太平洋社为大城烟厂策划的"八百壮士"牌香烟利用有效媒介，集中时段，大幅和小幅广告交替进行，加强了消费者对其的印象。同时开展户外广告宣传利用公共汽车，在车尾张贴大幅彩色油画"八百壮士"，形成流动广告，影响遍及"陪都"大街小巷。在"太平洋社"的精心策划运作下，"八百壮士"牌香烟销量大增。"太平洋社"主办的1947年新春漫画广告联合版内容很丰富，包括42家商家的40多种商品，宣传形式图文并茂，画面精美，语言幽默诙谐。如大兴工业公司的椰子霜广告，画面是一个黑发黑衣的苗条姑娘，不顾淑女形象，奋力爬上一棵挂满瓶子的椰子树，旁边配文是"椰子树头椰子霜，

134

树头有个黑姑娘,姑娘爬树啥子事,为了椰霜能助妆"。读罢,妙趣横生。"唯一社"系重庆唯一书局的广告公司;"联合社"是上海内迁的广告社,成立于抗战前夕,是上海四大广告公司之一。联合广告公司与荣昌祥广告社合伙投资法币2.5万元,联合组成荣昌祥广告股份有限公司。该公司在上海地区的路牌广告经营上占有主要地位。抗战时期,内迁到重庆,是中国人自己开设的规模较大的广告公司,主要以报纸广告为主,兼营路牌、橱窗、霓虹灯、电影幻灯、绘画、油漆广告制作等业务。"白宫社"在重庆保安路177号附3号,主要经营美术报纸广告。"大业社"在千厮门姚家巷46号。"大华霓虹灯厂"在民生路德兴里16号,广告词是"五彩霓虹灯,现代商业利器,色彩绚丽,引人入胜,省电耐用,广告效宏,欲求商战胜利,应即奋起装设,请即向重庆民生路德兴里16号大华霓虹灯厂接洽"。"电声社"即国民党中央广播电台承办广告的"中国电声广告社",到重庆以后,"电声社"不仅承揽广播广告业务,而且还经营报纸等平面广告。重庆的广告社如此多,个体广告掮客也不少,因此,拉广告便很需要技巧。同行间的争夺较其他行业间的竞争更为激烈,无论报纸广告、印刷广告、油漆广告、启事,看谁走在前头,谁就会胜利。拉广告者,须要善交际,衣服须穿得"伸抖",各方面要有关系,商界、机关、学校、社会各阶层都得交往。脸皮要厚如城墙,更要有百折不挠,不到黄河心不死的精神,为了一条广告,往往跑个十趟八趟,说得口干舌燥,人家还爱理不理,最后摔出一句"生意都不好,还登啥子广告"。拉广告,只是"君子动口"还不行,还得出手大方,手面阔绰,今天请银行经理吃饭,明天托人写片子拿言语,不谙于此道者,绝不适宜在此行混碗饭吃。广告业被称作"三高"自由职业,即人才密度高、知识密度高、技术密度高。其收入也不稳定,少则一个月赚个几万或几十万,多则赚几百万或几千万。广告业一般不需要大笔门面费,也花不了多少本钱,这样的生意谁不偏起脑壳去钻呢。自广告公司的出现,重庆的广告业逐步专业化。

中实商行的童鞋广告

联合社:商场打折减价广告频频　　宇宙新闻社广告

民国时期的广告管理

广告管理指的是对广告活动和广告业的计划、协调、控制和监督,它包括广告行政与法制管理、广告行业自律、广告经营者经营管理与社会监督等。"中国古代广告在漫长的发展过程中,对于广告管理只是局限在道德规范的制约中,这与现代意义上以法律为主要手段的广告管理有着本质的区别。鸦片战争以后,报刊广告的出现,以及20世纪20年代广告公司的产生,大大推动了广告行业的发展,对广告的管理工作开始提到议事日程上来"。1904年,清政府颁布《商标注册试办章程》,为中国最早的商标法,开启了中国广告管理之先河。1912年,中华民国报馆促进会通过了《设立广告社案》,造成了一种社会舆论,对有不良影响的广告起到了一定程度的抑制作用。1914年,上海公布的《筹办巴拿马会出品协会事务所广告法》应是中国广告立法之始。1927年,上海有6家广告社组织成立"中华广告公会",这是旧中国广告同业的最早组织。这类广告行业的自律,在一定程度上缓和了同业之间的矛盾,促进了广告业的健康发展。20世纪30年代,国民政府迫于各界压力,对广告进行了稍加管理,一些报馆也制定了简单的自律条文,如"有关风化及损害他人名誉,或几近欺骗者,概难照单"。

重庆早在20世纪20年代,就出现了商业广告公司,但在广告管理上仍处于萌芽阶段。国民政府迁至重庆,重庆的广告法规管理方才开始。1938年11月2日,国民党中央借口"战时需要"和"齐一思想"的要求,在全国范围内实行"战时出版管制",颁布了《确立战时新闻政策的决议》。抗战时期,大量工商企业内迁,重庆的广告业得以迅速发展,并达到鼎盛时期,广告公司汗牛充栋,有大到百人以上的大型广告公司,也有小到三五人的小公司、个体的"皮包"商。其广告的种类多,数量大,遍布山城各个角落。重庆市警察局以"本市各商店铺户招牌及其他各种广告,向无明文规定,遂致形式各异,横直参差,凌乱杂错,极碍市容,无章则依据执行取缔,颇感困难"为借口。1940年制订了《重庆市警察局取缔广告暂行规则》共计15条,规范了户外广告。1941年1月,重庆市政府公布了《重庆市管理广告规则》共八章69条,规定电杆树木、

明码实价,童叟无欺的报纸广告

机关、学校及其他公共建筑物的外墙、公园内部不能张贴广告或告白。1941年2月，四川省政府公布了《四川省各县市医药广告取缔规则》，规定医业人员及药商登载或散贴广告，要经当地主管卫生机关或县、市政府审核后始得进行。1942年9月，重庆市政府公布了《重庆市管理广告规则》共18条，规定：凡属营业的传单、影剧院插播广告，须审核；各种招牌、旗帜，不得超过五市尺高度。同时也颁布了《重庆市广告管理费收费标准》，规定了传单、油漆、招牌、电声等广告的收费标准。国民党中央图书杂志审查委员会给各省和重庆市图书杂志审查委员会密令：将辖区内自1944年1月起所出版的戏剧方面图书（包括理论技术剧本）杂志报纸所刊载剧人消息及论文，以及上演之说明书、演出广告等广为收集，每月汇报上呈。1948年1月，重庆市政府将1942年9月公布施行的管理广告规则修改为《重庆市广告管理办法》，并训令市工务局、警察局主办施行，办法共九章38条。1948年12月10日，重庆市国民党党部发布"新闻自由十三条"。规定："上至言论，下至广告，无事不检，无字不查"。1948年，据统计全国有19家报刊被查封，12家报社、通讯社受到警告或停刊处罚。

重庆自古为商业口岸，在隋唐时，工商业有了一定的发展，工商户为了保护自身利益自发组织了行业协会。明清时期，各业行帮、行会已具有相当规模，与官府逐步形成了相互利用甚至相互勾结的关系。当时，有名的行会组织除重庆而外，要数广东、浙江、福建等省的八大会馆著名。民国初期，政府很重视商会、同业公会在协助政府管理工商业，推行有关经济法令方面的作用。国民政府在促进商会、同业公会建制走向规范化方面做了许多工作。1915—1948年间，连续颁布、修订了《商会法》、《修正商会法》、《工商业同业公会法》、《输出业同业公会法》、《工业同业公会法》的章程以及各法的实施细则。这些法令确定了商会、同业公会的组织形式和细则，给予了它们法定地位，同时，也明确了它们在协助政府工作方面的任务。至40年代，政府对商会、公会的支持力度加大，对拒不入会者，拒缴会费，市社会局将采取传讯，限期交纳；情节严重的，移交公安机关。如麻绳业李华盛拒不入会，市社会局原拟订将其送国家总动员会议军法监部

蒋介石视察重庆市容。宣传标语、商品广告，遍布城市各个角落

究办，后因李承认入会，便改处以罚金五千元，令购公债一万元的处罚。1923年，农公商部命令各公司须注册，方得经营。抗日战争爆发后，经济部公布《非常时期重要商业同业公会工作纲要》，同业公会协助政府做了许多工作。广告业同业公会方面的自我约束主要表现在报刊广告。早在1912年，重庆就响应上海"中华民国报馆俱进会"的"设立广告社案"倡议。抗战时期，重庆大小广告社几十家，皆有松散的同业公会，旨在解决同业纠纷，联络各报馆，争取同业利益，增强内部团结。广告经营者公开广告价格。如《广益丛报》的广告价格为：一页2元，半页1元，1行四号17字起码1角。《重庆商会公报》广告价格为：一页2元，半页1元，一行1角。"白宫广告社"的广告价目为：长行每日每行1200元，短行每日每行600元，第一版上两行17000元，报头下一小格5000元……。虚假的公害广告，

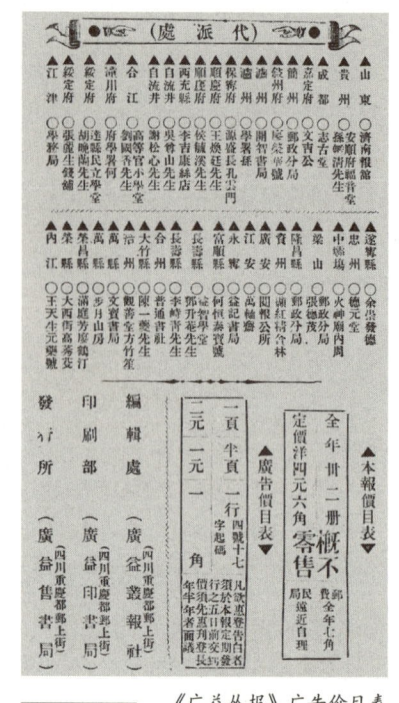

《广益丛报》广告价目表

主要靠社会监督，利用新闻报刊舆论予以惩罚揭露。如1944年2月11日《重庆新民报晚刊》："市政当局要整理各商店的市招，并先开始限制市内'三六九'、'某某大王'等市招。这是一件虽非'当务之急'却是十分痛快的事情。不知为何，如此讨厌的市招仍挂在通衢大道，影响市容，希望它的样式、字义都美丽文雅。"1947年3月20日《陪都晚报》题为"广告主任乱发广告，时事新报白某要吃官司了"。"19日时事新报一版刊登白某启事一则诬称本月18日所载'卢美华新闻'不确，诬蔑本报极尽毁谤能事，兼触及新闻从业人员之尊严，至堪痛恨，查本报所持一贯以揭露黑幕，整饬社会风气为主旨，所发新闻均有根据，非证据确凿者，不予载，此次本报所登之广告，主任白某确有其人，该白某无故出此，显是自己情虚，本报决将依法起诉，以重报业尊严。"迫于社会舆论压力，国民政府整治了虚假广告和黑广告。如1947年11月8日，府衙路52号广州药行出品之何济公止痛散未经渝府许可，被本市卫生局查封，将68条止痛散带回局保存，令该药房于一周内将各药房代售的药品全部收回，并将各地墙壁广告全部刷除掉。《新华日报》公开宣传不刊登虚假广告。1948年1月，街头巷尾短墙电杆出现了红绿颜色的学校招生广告，社会服务处和"陪都"青年馆已摆出委托代办招生学校的黑牌，将予以处理。

民国时期，重庆商业广告业飞速发展，国民政府为了维护统治，制定了一些广告管理规定，法规带有明显的政治含义，但始终没在商业广告方面有所建树。

形形色色：广告折射的世态

广告与社会生活之间存在着相当密切的关系。因此，通过对广告的分析，必定能够清晰地观察到当时社会生活的演变轨迹。

香烟广告背后的故事

翻开一张张发黄的老报纸、老杂志、老书籍、老画片、老月份牌，印象深刻的总是香烟广告，摩登美女优雅的烟姿，高档时尚的背景饰品，无不吸引着我们的眼球。透过这些画面，我们仿佛看见了近代中国多舛的命运。19世纪下半叶，中国长期闭关锁国的大门被洋鬼子的大炮洋枪打开以后，古老的国家饱受了洋鬼子的蹂躏。主权沦丧、洋货密布、资源掠走。在滚滚的洋流中，泛起的洋烟却是那么醒目。积弱积贫的国民抵挡不住"老刀"、"大炮台"、"福禄卡"的威逼利诱，纷纷丢下千年的烟管烟枪，叼起了"翠鸟"、"凤凰"。觉醒的中国精英，深为国运堪忧，他们剪掉愚弱的辫子，脱下沉重的长袍，与洋商展开了商战，诞生了"爱国"、"黄金龙"、"梅兰芳"、"美丽"。二战爆发，洋鬼子忙于争权夺利，无暇东顾，国货才有了抬头的日子。1945年以后，中国又落入洋鬼子的魔掌，直到新中国的成立，才彻底扬眉吐气。长江之头的重庆，遭遇了大中国相同的命运。四川人口众多，重庆是西南工商业中心，

新立克香烟广告（一枝在手，心旷神怡）

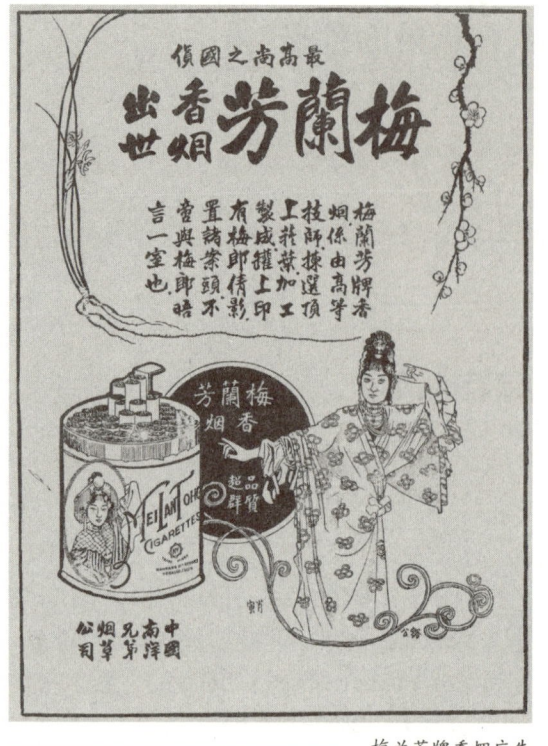

梅兰芳牌香烟广告

华成美丽牌香烟广告

洋商早就垂涎三尺。约在光绪三十年（1904年），英美烟草公司职员及买办徐子泉来重庆推销洋烟。重庆人见到那画着皇冠、僧帽、狮子的洋烟就退避三舍，深恐其"伤其肌肤，麻痹神志"。洋烟销售十分困难。洋鬼子为了克服重庆人对洋物的怯懦心理，取信于民，就安排了活模特儿徐子泉现场吸烟。同为黄皮肤的徐子泉在花馆酒肆当众吸烟，同时，洋商还将五支装的"秤人牌"、"鲨船牌"香烟赠送给沿街店铺和戏院的人，尽管免费赠送，但拒吸者仍然居多。为了牟取香烟暴利，洋商们不断探索针对中国市场的销售方法，不断变化洋烟包装广告图案，英文汉译的文字，十足西洋的教堂皇冠换成了"红楼"、"孔雀"等富有中华民族文化气质的图案，

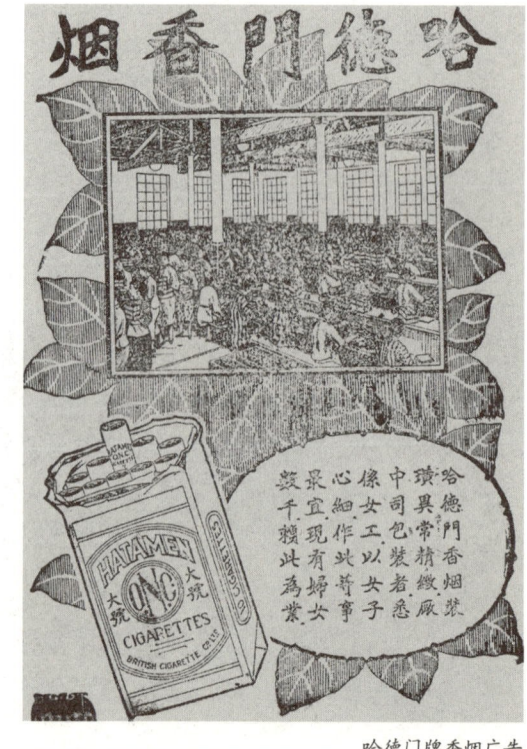

哈德门牌香烟广告

喜逢国内和平日，春到人间美吉时。美吉时牌香烟广告

博得中国人的认同，这才日渐打开了销路。1911年到1912年，英美烟草公司在重庆的业务有了发展，建立了一套严密的销售网络。首任总经销商是徐子泉，最早的大经销商是"理恒新"经理谭宝三，继后有"和记"、"元记"、"享记"、"诚记"、"炽记"等大经销商参与销售。约在1924年间，重庆的卷烟市场一直被英美烟草公司独占，《重庆商务日报》等地方报纸皆见洋行的"哈德门"、"大炮台"、"翠鸟"、"凤凰"、"福禄卡"香烟广告。偶尔见到南洋兄弟烟草公司的"爱国"、"联珠"；上海华成烟草公司的"金鼠"、"美丽"牌香烟，但销量都非常小。1926年9月，英美帝国主义在万县制造了"九·五惨案"，激起了全川人民的愤怒，掀起了抵制洋货的热潮，这样，上海、汉口等地的国产烟才运到重庆，以南洋的"白金龙"、"高塔"牌；华成的"琴棋"、"三马"、"蓝飞鹰"牌；其他厂的"万华林"、"白凤"牌最为畅销，成为国产香烟在重庆的佼佼者。眼见香烟这块肥肉被夺走，英美帝国主义急忙与四川军阀勾结，四川香烟市场又重新对英美开放。洋总办蒋伦授意重庆人洪戒虚组织"南耀烟公司"为全川总经销，自此，洋烟又

大炮台香烟广告

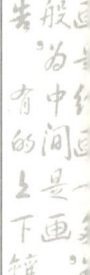

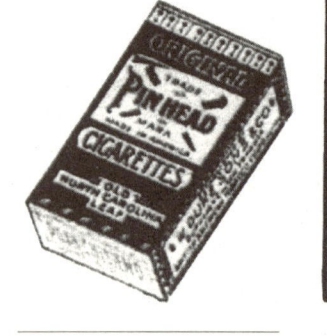

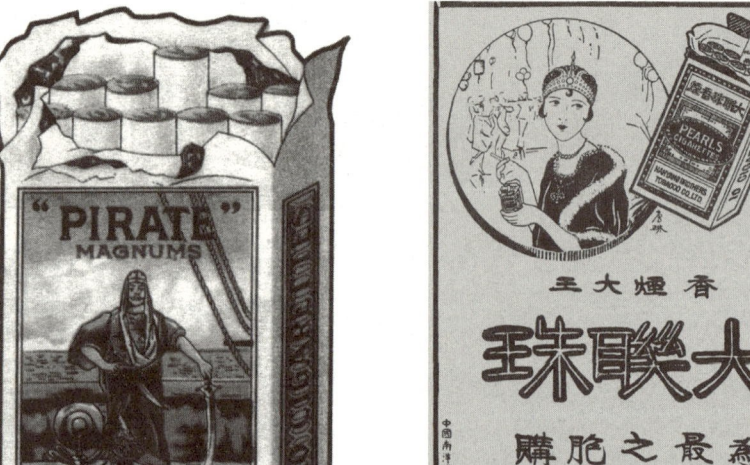

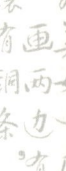

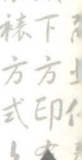

奇装异服，手拿大刀的老刀牌香烟广告　　　　　　　　　南洋烟厂的大联珠牌香烟广告

肆无忌惮地与国产烟展开竞争。重庆的南洋、华成、华达、福兴等烟草公司的经销商联合起来，组成"国货卷烟维持会"，宣传推销国产香烟，抵制英美香烟公司的倾销。国产香烟利用海报、油彩路牌、电影幻灯、报刊等媒介大事做广告，并采取凭香烟空壳掉换香烟、赠送印制有广告的玻璃器皿、热水瓶、搪瓷盆等办法来吸引顾客。英美烟草公司自恃资金雄厚，拥有自己的印刷工厂和精英广告人才，在广告宣传上五花八门，形形色色。他们深谙受众心理，针对不同的消费群体，采取不同的方法；他们熟悉媒介特征，巧借媒介，因势利导。对广阔市场的农村和愚弱的农民，他们利用城垣墙壁、郊外天然岩石作广告载体，又从上海运输大批各色各样道林纸做的精美广告，特别是用月份牌、美人画片、挂图等深入农村，在纯朴闭塞的农民面前打开声色享乐之窗，启迪勤俭农民对都市生活的向往，引诱农民吸烟，最终坐收渔利。

在城市，他们利用广播，在街头流动宣传；制作电影玻版幻灯放映，有时还将香烟实物同时展现；利用各类报刊，长期刊登全版广告，英美烟草公司的广告部每月出版画报，每期上都有字画、有奖谜语竞猜；购买香烟还有日用品、字画赠送，"哈德门"空壳可调换香烟；英美烟商很重视推销商，时时给他们一点儿小甜头，大凡有新产品应市，每箱中都附装毛巾、袜子、镜子、手巾等小物件赠与推销商。英美烟商为了独揽重庆市场份额，攫取超额利润，除使用欺骗宣传、施展压价、抬价伎俩外，还使出下作手段打击国产香烟。

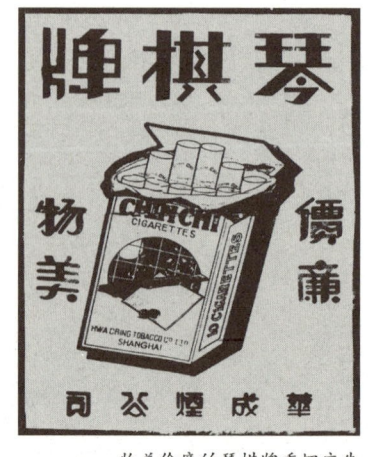

物美价廉的琴棋牌香烟广告

金鼠香烟,烟味好、价钱巧

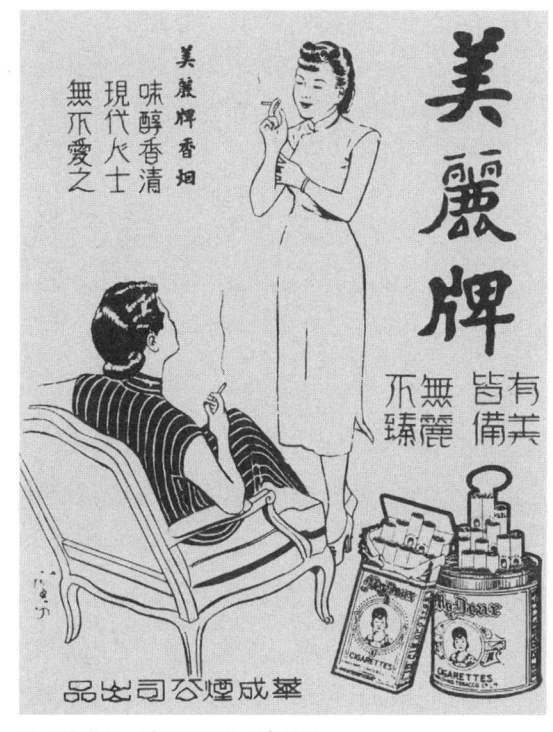

美丽牌香烟,时髦女性的掌中玩物

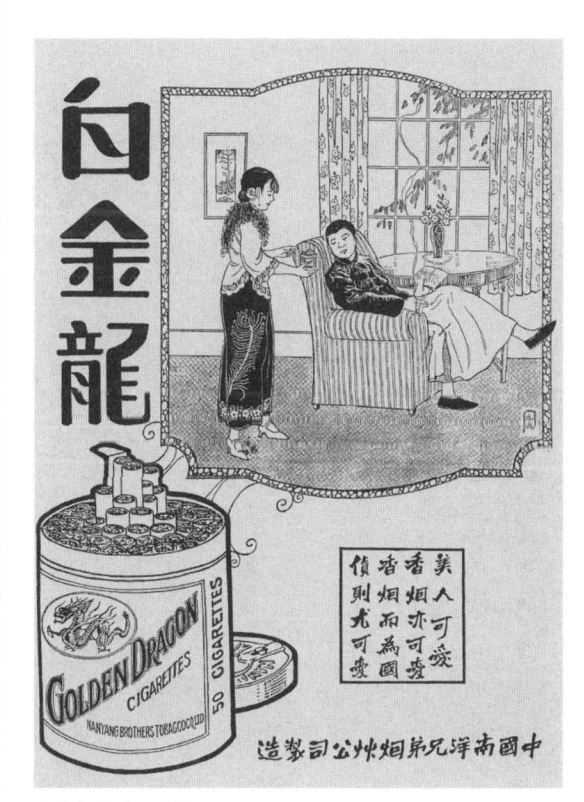

白金龙牌香烟广告

当英美烟商推出新品牌香烟尚未打开销路时,他们就授意经销商将同等级的国产畅销香烟买来,放置在潮湿地方,故意让其吸潮霉变,然后,将已霉变的国产香烟与英美香烟拿到市场,进行对比推销。说什么"中国香烟品质低劣,制造不良,易于霉变,不好保管;英美香烟品质优良,系用科学精工制造,长期保管不会霉变……",用如此不正当竞争手段来推销香烟,其用心险恶,旨在将国产香烟排挤出重庆市场。尤其对于畅销的南洋香烟,决不手软,不惜将"大哈德门"的售价由每箱250元降至200元,零售10支装的"哈德门"每包批价4分。南洋公司被迫降价,将"双飞鹰"从每箱140元跌至100元,10支装的"双飞鹰"批价每包2分(摊贩零售每包 5 分或 3 分)。由于压价，国企亏损严重，不少烟厂纷纷倒闭，资财雄厚的南洋、华成等公司也难以为继，每况愈下。国产香烟在重庆市场的份额由原来的 70% 下降为 30%，而英美公司却由原来的 30% 上升到 70%，据统计，英美香烟每月销售 2600 大箱，形成独霸重庆市场之势。抗日战争爆发，英美烟草公司运输路线被截断，货源枯竭，重庆的卷烟厂方应时而生，迅速发展起来，逐渐代替了英美烟草公司在重庆的销售市场。重庆比较著名的烟厂有三家：南洋兄弟烟草股份有限公司、华福卷烟公司、蜀益烟草股份有限公司。南洋兄弟烟草股份有限公司创立于 1909 年，为我国国产卷烟业之发轫。1939 年在重庆设立分厂，厂址在南岸弹子石雷打石街 25 号。经理陈荣贵，老板是宋子文。资本 11250000 元，工人 200 名，以机器制造，出品"双喜"、"黄金龙"、"高塔"等牌香烟，每月出品 300 余箱。眼见南洋产品供不应求，香烟利润丰厚，孔祥熙也看上了卷烟业，与刘鸿生筹建了华福卷烟公司，出品"华福"、"火炬"、"三六"各牌香烟，月产量达 900 箱。蜀益烟草股份有限公司也是当时重庆知名的企业，以机器生产卷烟。1938 年迁移来渝，厂址在镇江寺街 38 号，门市在陕西街赣江街。蜀益的老板是胜利银行老板（董事长）曾俊成。蜀益收购了英商的颐中烟草公司、华中烟草公司，出品的"祈福"、"双斧"、"大炮台"、"金钱"、"大鹏"等牌香烟。在重庆烟厂中这三家香烟数量大，生意好，其余手工卷烟厂有二十余家，

—— 时尚女性之必备品，银行牌香烟广告

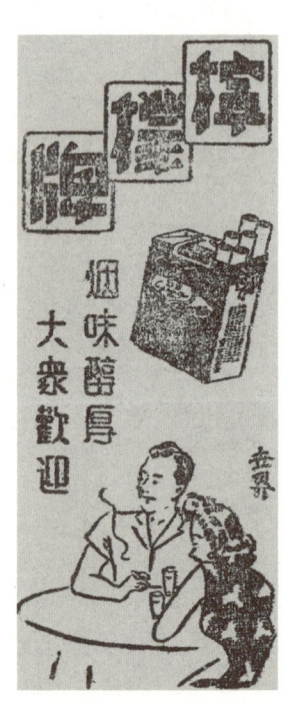

—— 特使牌香烟广告

—— 三人同行，必有海鹰

—— 烟味醇厚的柠檬牌香烟广告

"八百壮士"雄姿　　　　　　　　　　　　　　　　　　　　　　　　　　　一定要买八百壮士，莫搞错了噢

其中，建业、新中国、天府烟厂的老板还都是女性。1945年抗战胜利，重庆卷烟市场再度发生了新的变化，美国的"红吉士"、"飞利浦"、"骆驼"、"红狮"牌香烟不断进入重庆市场，外烟与国产烟复又展开广告战，资财雄厚的大城烟厂着力打造"八百壮士"牌香烟，大肆利用"八百壮士"的名声大做广告。"八百壮士"是抗战时期发生在上海的真实英雄事迹。1937年10月26日，淞沪抗战，为掩护大部队撤退，中国守军88师262旅524团进驻上海光复路四行仓库实行阻击战。在日军的重重包围下，"八百壮士"孤军奋战，坚持4昼夜，击退了敌人在飞机、坦克、大炮掩护下的数十次进攻。打死日军200多人，击毁坦克3辆。"八百壮士"的英勇事迹广为传播，影响广泛，其故事被谱写成《八百壮士》之歌，拍成《八百壮士》电影，排练成《八百壮士》话剧。大城烟草公司利用人们对"八百壮士"的崇敬之心，把自己的香烟命名为"八百壮士"，利用路牌、汽车、电影、话剧、报纸作广告，其中尤以高龙生先生绘制的连环漫画广告《八百壮士日记》著名。尽管如此，在外烟的冲击下，重庆的卷烟厂仍深受其害，产销成问题，官僚资本控制的南洋烟厂、华福烟厂排挤中小烟厂，加上通货膨胀，法币急剧贬值，税负日益加重，抗战以后发展起来的重庆本地烟厂命运多舛，老板拼命压迫工人，劳资矛盾大，冲突时常发生。四德村广平烟厂刘广平经理之妻平素对人刻薄，尤其对厂中包烟女工，动辄打骂。有记载称：该厂女工谢正杰年21岁，于前几日因病告假就医，已获准，殊假满到班，刘经理太太把她痛骂一顿，并逐出烟厂。女工无故挨骂，又被赶出厂门，一家老小生活无着，从此将走入绝境，羞愤之余，死念复萌，哭泣返家，留下绝命书及相片等物，服安眠药数十余粒悲惨晕去，女工丈夫发觉，急忙送医院，因中毒太深，抢救无效死亡。

—— 海鹰香烟广告（名烟良伴，形影不离） 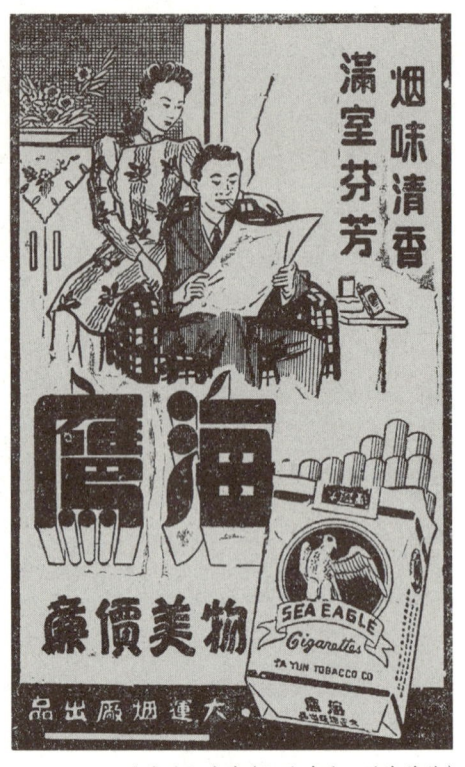 —— 海鹰香烟广告（烟味清香，满室芬芳）

—— 海鹰香烟广告（春色恼人眠不得，一枝名烟解千愁）  —— 海鹰香烟广告（公余无聊赖，名烟可清心）

月份牌画是绘画一类,为美女广告和年历相结合的商业化产形式一般为中间是画画两边有日历表,中国画面以表下方印有厂家的广告

海鹰香烟广告(品质高贵,价钱公道)  —— 海鹰香烟广告(烟味硬是要得,价钱真正相因)

海鹰香烟广告(拍个小照作纪念,曾与海鹰有烟缘)  海鹰香烟广告(老兄公务多辛苦,吸枝海鹰助文思)

老广告

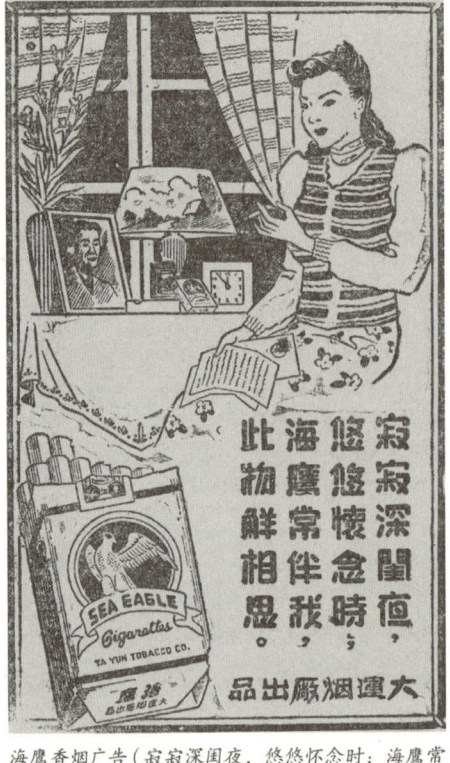

海鹰香烟广告(寂寂深闺夜,悠悠怀念时;海鹰常伴我,此物解相思)

海鹰香烟广告(仕农工商学兵,一致推荐海鹰)

海鹰香烟广告(借问香烟何种好,老夫遥指海鹰牌)

海鹰香烟广告(好烟何妨多采买,他日回乡欲购难)

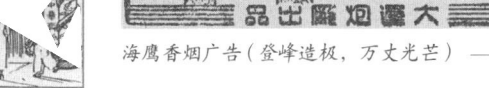

海鷹香烟广告(欲获锦标有秘诀,吸枝海鹰助精神)  　　海鹰香烟广告(老者倡导吸国货,海鹰远比舶来强)

海鹰香烟广告(登峰造极,万丈光芒)  　　海鹰香烟广告(雄霸山城)

八百壮士香烟广告（大风起兮旗飘扬，誉满山城兮永留芳）

151

月份牌画是绘画一—多为美女、广告和年历相结合的商业化产物。形式一般为中间是画西边"的日历表中国画的装裱方式上下滚有铜条,有的方中国画的装裱方式上下滚有铜条,有的方中下家的广告

八百壮士香烟广告（品质日日好，声誉年年高）

八百壮士香烟广告（烟中之冠）

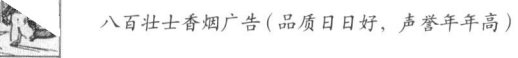

八百壮士香烟广告（有口皆碑）

—— 八百壮士香烟广告（花间月下，壮士多情）  　　八百壮士香烟广告（名烟如爱侣，形影不相离）

八百壮士香烟广告（壮士精神伟大，烟味始终不退）  　八百壮士香烟广告（风潇潇兮蜀水寒，壮士威名兮震巴山）

他们的牌画是绘画与舞台美术形式的结合，商业化中间是画面，两边"名烟美女"广告词，形式一般为中间是画面，两边"名烟美女"广告词，家的广告有的仿中国画的装裱方式，上下镶有铜条，有的上方印有日历表，有的上或下方印有厂

八百壮士香烟广告（壮士人人崇拜，名烟处处欢迎）  八百壮士香烟广告（色香味至高无上）  八百壮士香烟广告（当年驱逐倭寇，今日追击舶来）

八百壮士香烟（八百壮士香烟是舶来品的劲敌） 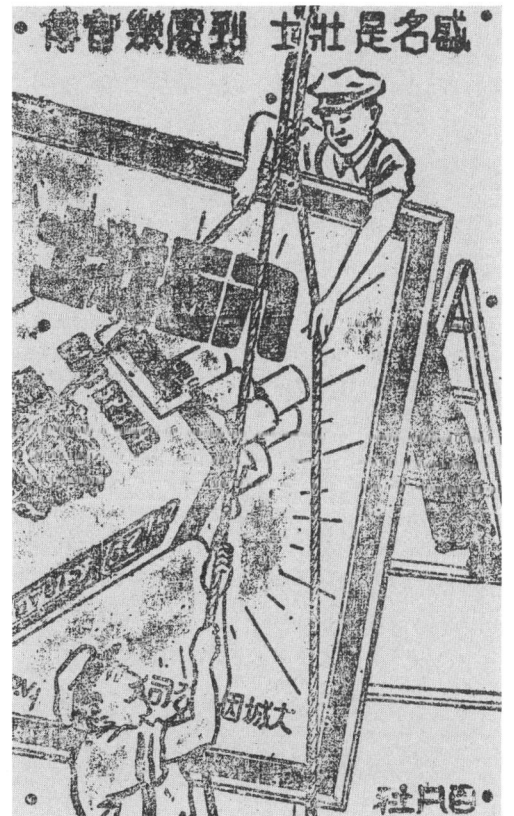 八百壮士香烟广告

老广告

形式一般为中间是画，画两边有日历表，画面上或下方印本家的广告，有的上下镶有铜条，有的仿中国画的装裱方式上

八百壮士香烟广告（风行各地，到处欢迎）

155

月份牌画是绘画(多为美女)广告和年历相结合的商业化产物的广告一般为中间是画面,两边有日历表,画面上或下方印有厂家的广告。形式上中国画的装裱方式,上下镶有铜条,有的仿中国画的装裱方式上

老广告

八百壮士香烟广告(烟中劲旅)

八百壮士香烟广告(欣逢国货展览日,八百壮士再逞威)

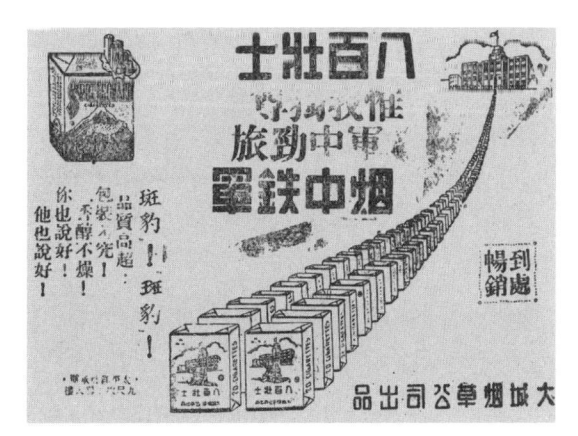

八百壮士香烟广告(八百壮士,惟我独尊)

美吉时香烟（既经济又漂亮） 　　美吉时香烟广告（买包烟来，只要美吉时） 　　美吉时香烟（中国人要吸中国烟，内行必选美吉时）

美吉时牌香烟广告 　　美吉时牌香烟广告

用作牌画是绘画形式的广告之一种。一般为中间是画（多为美女），画两边"有日历表"有的仿中国画的装裱方式，上下方印有厂家的广告和年历。结合的商业化产品，画面上或下方镶有铜条。

157

月份牌画是绘画（多为美女）广告和年历相结合的商业化产物，形式一般为中间是画，两边有日历表，画面上或下方印有商品名称。

老广告

美军牌香烟广告

老广告

画面形式一般为中间是画家的广告"为美女画两边"有日历表，有的仿中国画的装裱方式上或下方印有厂家的商业化名称的广告，有的上下镶有铜条

红美牌香烟广告

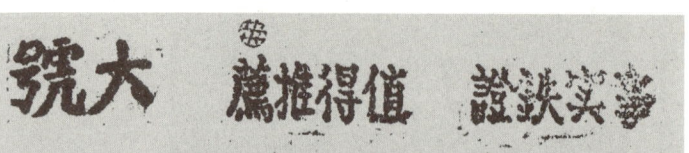

红美牌香烟广告

红美牌香烟广告

美丽牌香烟广告

美丽牌香烟广告

美丽牌香烟广告

美丽牌香烟广告

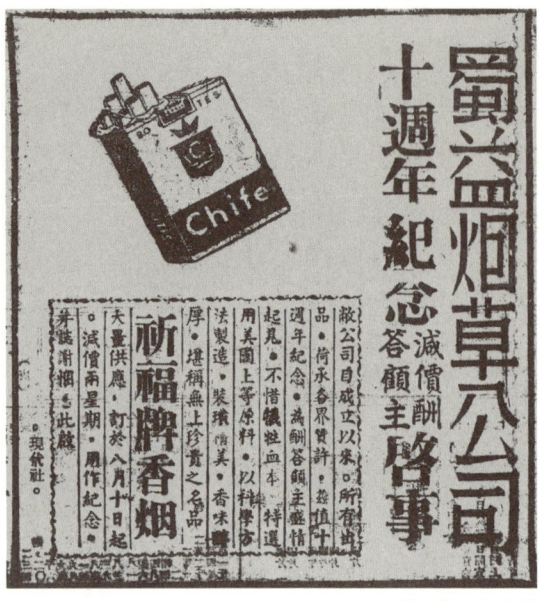

祈福牌香烟广告

祈福牌香烟广告

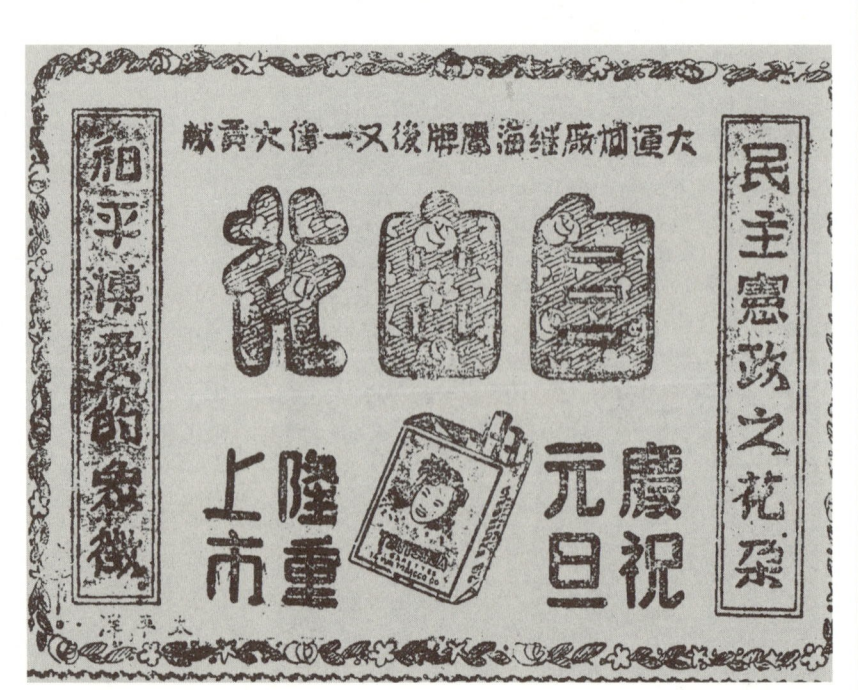

自由花牌香烟广告

人们曾画过广告画，其形式一般为中间是画面，两边、有的上下镶有铜条，有的仿中国画的装裱方式上下方印有厂家的广告。

161

烟味醇正的普鲁士香烟广告

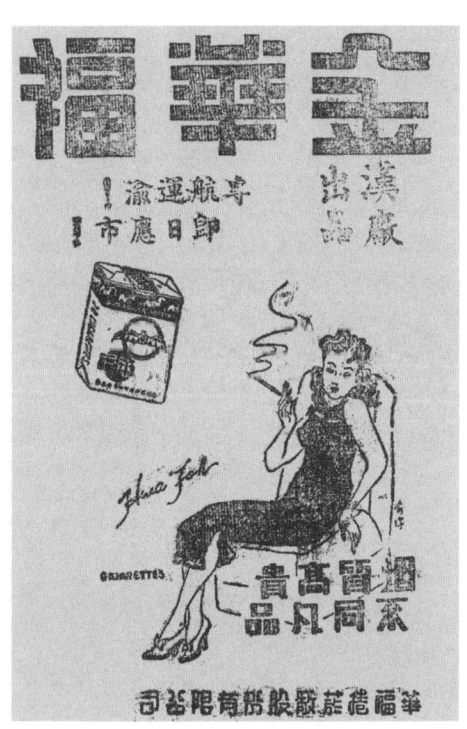

美琪牌香烟广告　　　金华福牌香烟广告　　　莎乐美牌香烟广告

金砖牌香烟广告

爱的家牌香烟广告

四喜牌香烟广告

克宁牌香烟广告　　十万青年牌香烟广告

香妃牌香烟广告 　　　　金鼠牌香烟广告

请吸国产十大名烟 　　大克雷斯牌香烟广告

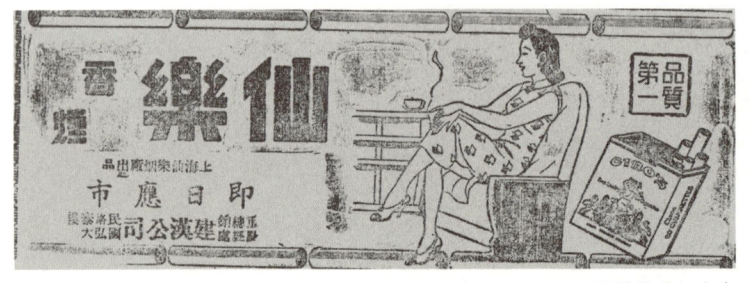

仙乐牌香烟广告　　　　特使牌香烟广告

808牌香烟广告

海罗牌香烟广告

南国牌香烟广告

无敌牌香烟广告

商俗雅趣话招幌

重庆是个商业城市，商家历来都很讲究招牌。自唐宋始，重庆商业活动日渐活跃，形成了"六街三市"、沿江商业区。到明清时，重庆成为西南最大的转运口岸城市。商业、金融业十分兴旺，形成了杨柳街、刁家巷、文华街、十八梯为代表的商业街。重庆开埠以后，洋商洋行出现在重庆街头，立德乐、太古、怡和、隆茂洋行、美孚油行等，形成重庆城市经济的另一道风景。为了抵御外国商业资本的侵略，重庆商业出现了明显的行帮和经营区域。以药材帮、棉花帮、绸缎帮、广货帮为首形成了所谓的"左右两条江，上下十三帮"的格局。随行就市，从朝天门到南纪门，沿南城一带形成了一个长达七公里的商业繁荣的下半城，道路两旁，商店、客栈、货摊、茶肆林立，人来车往，十分热闹。夜间，繁盛市街两列商号店铺门外，各悬四方或圆形招牌灯，煞是醒目。具有商业眼光的重庆商会会长，买下原重庆府署，改建商业场，中大街、西大街、西二街、西三街、西四街，集中匹头、苏货、药材、山货等字号203家，形成繁华地区；到20世纪20年代，郊区的石桥铺也形成了商品集中的商业街；1939年，民国政府内迁，重庆主要商业市场，汇集于城西陕西街、武库街、都邮街、小梁子及新街口等街道两旁，小什字一带最为繁华，重庆第一模范市场为最大的市场。在商业街和市场，各色招幌鳞次栉比，其间有"皇家行"、"西大公司"、"老同兴"、"五福荣槽行"等商家林立。

招幌林立的重庆商业街漫画

"玻璃八盏夜灯明，药店全凭铺面精，市井也知仁者寿，招牌一半借山名。"历来商家开买卖，都讲究取字号，请名人写牌匾，借以抬高店铺的身价，正如俗话说的"佛靠金装，人靠衣装"。1927年，广户老胡开文笔墨庄在重庆开分店，招牌"徽州老胡开文笔墨庄"是晚清进士谭延闿书写的颜字体，凹字贴福金（金箔）；"重庆大学"校牌乃为国民政府主席林森题写；重庆工商联门匾"定商惠工"乃为川东道尹周善培题写；"国货公司"为国民政府行政院院长于佑任

民国时期日渐繁荣的石桥铺集市

重庆市商业集市第一模范市场

题写；康心之创办的"美丰"银行，其招牌指定请擅长草书的于佑任用楷书题写，反而不如草书富有韵味；军委副委员长冯玉祥因借居康心之公馆，应邀题写了"康庄"；"交通银行"是晚清邮传部大臣盛宣怀所题，笔锋遒劲，气魄宏大；"川东书院"乃川中五老七贤之首赵熙手书，惜今日不存；大书法家公孙长子在渝题写了"张烈士培爵纪念碑"、"重庆留真照相馆"两通手迹，可惜遭毁于十年动乱；大文豪郭沫若任国民政府第三厅厅长时，住在城内天官府，常去一家小面馆吃牛肉面，应店主之邀，欣然题写了"回回馆"，但现下落不明。"东川邮局"乃四川军阀刘存厚题写，刘因此获得丰厚的润笔费；

重庆五福荣老酒销售存根

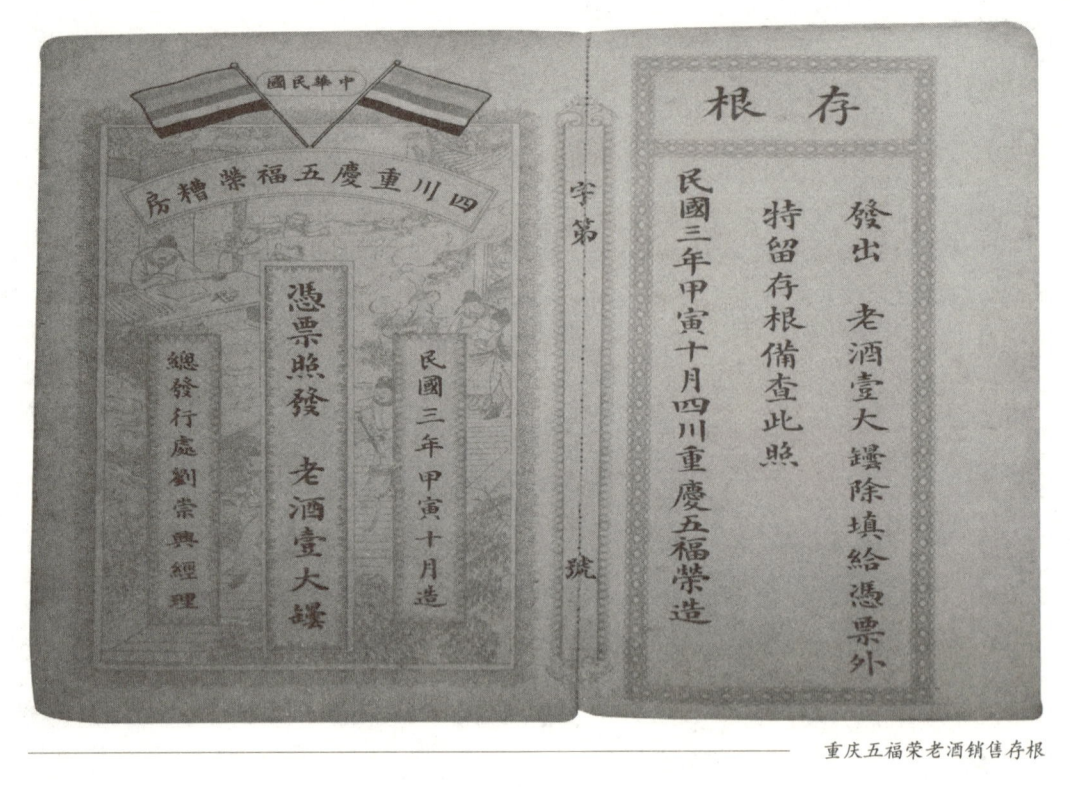

杨森题写"文德女校"、"睿川银行"招牌，在其被刘湘赶出重庆后被销毁掉，还有题写的万州"万安桥"如今已沉没在三峡水库中；抗战胜利后，国民政府官员吴鼎昌题写"抗战胜利纪功碑"碑文，重庆解放以后，将碑命名为"重庆人民解放纪念碑"，原碑文被覆盖。据说，抗战期间，重庆的许多小吃店的招牌都是青红帮头子杜月笙、张树生所写，其目的是小饭馆为了求得黑社会保护，得到些许安宁。重庆有的餐馆其实就是黑社会分子所开。杜月笙的弟子杨阿毛，同上海租界舞厅老板冲突，打死外国人，袍哥头子范绍增送杨阿毛回重庆，开了一家西餐馆，题写牌名为"莎利文"。

"开张各店彩灯悬，鼓乐花筒到处喧。敬罢财神争道喜，灯笼热闹五更天。"商家讲究开张招牌。店铺开张时，要举行热闹的仪式，恭贺的人都要打火炮，预示生意兴隆。这一天，店主非常慷慨仁慈，叫花子上门说些恭喜发财之类道

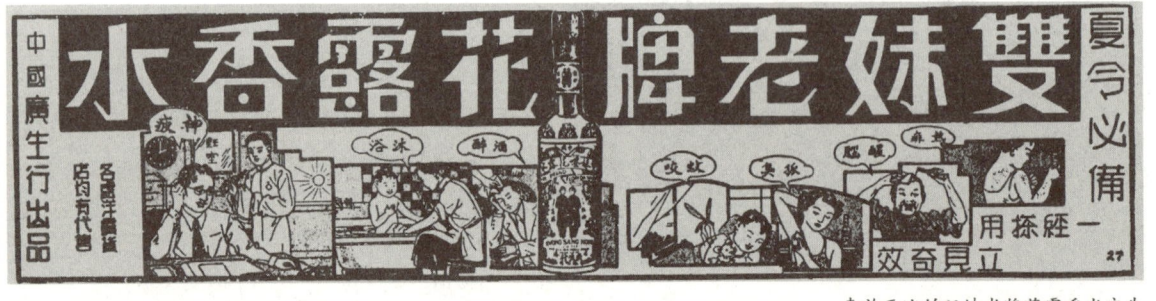

奇效无比的双妹老牌花露香水广告

喜的话，不仅有吃喝，还能讨到赏钱。每天开张挂招牌是商家的头等大事，俗称"请幌子"，仪式很是神圣。早晨开门时，更夫用权挑起幌子，挂在幌勾上，嘴里念念有词道："金幌子，银招牌，稀里哗啦挂起来！"晚上打烊时，将招幌小心地收起来。

金幌子、银招牌是商家世代立命之本。重庆有家"伍舒芳膏药店"，世代经营膏药。清嘉庆十年（1745年），巴县正堂王忠武的夫人体弱多病，结婚多年无生育，她买了"伍舒芳膏药店"的万应寿膏药，治好了多年的妇科病，且怀孕生子，解救了饱受"无后为大"折磨的王忠武，为表示感谢，王忠武赠送一亲题牌匾"心存寿世"（现藏市博物馆）给"伍舒芳膏药店"。从那以后，"伍舒芳膏药店"声名鹊起，在鱼市口、道门口店内，悬挂一块木牌，上书"伍舒芳只此一家，本铺房永远不许典当变卖"。

金幌子、银招牌是商家的财源。生意人唯利是图，锱铢必较。"伍舒芳膏药店"生产的万应寿膏药治好了巴县正堂王忠武夫人的不孕症，便将该药更名为"文王种子膏"，在装潢上力求美观。将膏药摊在朱红纺缎焙砂笺纸上，装在红绫绸制成的锦盒内，以示名贵非凡，每张膏药售价高达生银一两五钱至二两，使伍家财源滚滚，富甲一方。重庆的"允丰正酒厂"，创业虽早，可真正兴隆时是1925年后，何鼎臣等人主持业务，首先改招牌，"借鸡下蛋，借船出海"，借用当时久负盛名的"康记允丰正"为招牌，果然奏效，酒厂起死回生，一直到解放后成立"公私合营重庆果酒厂"。

金幌子、银招牌是商家的商业生命和信誉的象征。民国时期的"宝圆通"，其老板肖则可乃由宜宾来渝发展的小商贩，最初经营铁锅，后来经营"白蜜"高级肥皂、"双妹香水"以及油料"美孚油"等经营品种。在经营中坚持以"服务社会为宗旨，便利顾主为前提"，商品质量好，态度亲切，细节完美，无论大小商品，一律用自制的精美包装，包货单上印有"包换（货）包退"字样。几年后，"宝圆通"在重庆地区很有名气，到1946年，"宝圆通"成为股份有限公司。民国时期一直活跃在海外市场的红色"虎牌"猪鬃，是由重庆山货商古耕馀经营的。古家三代经营山货出口贸易，严格按照国际市场要求的猪鬃长短规格、包装习惯等方式经营，久之，国际市场只认"古青记"的红色老虎。古家的生意日渐发展到省外。在重庆的文具市场，口碑好的要数"老胡开文笔墨庄"。店主不断翻新来吸引买主，每当周年纪念，就别出心裁地雇请乐队，头戴纸做的大型笔墨模型，沿街吹奏宣传。重视潜在消费市场的培养，小学生、幼儿园的小孩来店，无论买不买东西，都请吃一个广东包子；把"请用老胡开文笔墨文具"印在碗上，

国际市场的红色老虎——虎牌猪鬃广告

凡购买一元货物，赠送纪念碗一个。并在报刊登广告，"解决饭碗问题找老胡开文"。注重细节，在装货的纸袋上印招牌。抗战爆发，大后方重庆人口剧增，"民以食为天"，重庆的餐饮业骤然兴旺，出现了"重庆菜馆多，几乎五步一阁"的盛况，全国菜系皆有名馆。粤菜的名馆有"冠生园"、"粤香村"；苏州菜有"松鹤楼"；北方菜有"燕市酒家"；宁波菜有"四明宵夜"；扬州菜有"瘦西湖"；河南菜有"梁园"。老人们总是津津乐道"粤香村"的牛尾汤，说那牛尾炖得又粑又糯，喝过后嘴巴都要起壳壳；"小洞天"的清蒸肥头；"久华源"的清蒸火腿；"老四川"的灯影牛肉；"陆搞荐"的麻雀熏鱼。全市餐馆中，著名的菜馆主要是上海菜馆，一些小菜馆，为了招徕顾客，在招牌上都名不相符地冠以"上海"二字。桐君阁是重庆有名的老字号药厂，其第一桶金却是开设吸烟室而来的。桐君阁药厂是巴县商人许建安于1908年集资创办的，牌名"汇川局"，为扩展业务，在陕西街设立"香中魁"香室，小什字设立"寄中华"香室，在武汉设立"寄中华"招牌烟室。后来资金充足，方生产经营药品。为使生意兴盛，用犯人血祭招牌"货真价实，童叟无欺"。那时，重庆的药业以广东帮和江西帮最有势力。广东帮以"壶中春"最著名，江西帮以"熊长泰"最著名。

桐君阁老板许建安想超过广东帮"壶中春"，在"桐君阁"招牌上也加上"广东"二字，可说是假冒之极。重庆永新化学公司生产的"永新肥皂"，整齐均匀，外形美观大方，成为重庆的名牌。而重庆的不少肥皂厂，用价格低廉的方法去争取销路，生产成本低，出皂率高的含水皂，因水分重，油脂少，杂质多，下水易溶解，消费者讥之为"水上飘肥皂"。然而，重庆广利厂生产的"吉星牌"肥皂、乐山厂生产的"皂之王"质量不错，价格也不高，与"永新牌"肥皂竞争激烈。永新肥皂厂为打开销路，1941年大事刊登广告，

重庆都邮街胡氏文具广告

举行各种宣传活动，以"品质优良"、"高尚肥皂"来招徕顾客。营业门市实行挂牌营业，经常在生意兴隆时，挂出"本日无货"或"近期无货"，让人捉摸不定，被同行称为"闷牌"，这样，永新日渐俏起来。

民国以降，重庆出现了许多有名的字号招牌。茶馆、酒肆、旅社招幌林立。重庆地区常年日照时间短，是茶叶的主要产地，因此，巴渝人自古嗜茶，精明的商人瞅准机会，纷纷在通衢大道、车站码头开设茶馆。为了吸引茶客，老板还雇请说书的、唱戏的，果然，顾客盈门。渐渐地，各色商人也将谈判阵地转移至此，在茶馆里，为避人耳目，商人之间的抬价还价不再高声理论，而用手势比划。清末民国时期，重庆的几家茶馆其招幌很有意思。如西三街有家"涨秋"茶馆。其招幌的变化，还有一段插曲。"涨秋"茶馆的老板是息影官场的老叟，他对于唐诗颇有研究，极喜晚唐诗人李商隐的"巴山夜雨涨秋池"诗句，故命名其茶馆为"涨秋"。老板善于经营，且茶馆整洁清幽，所以很受乱世政坛失意辈的衷爱，生意一直很好。"三·三一"惨案发生，军阀杀害了共产党人杨闇公、漆南熏，并陈尸示众，一时间白色恐怖笼罩全城。茶客们忿忿不平，"反动气焰如此嚣张，哪能让人吟哦啸嗷，谈论救国之道呢？！应该把'涨秋'改为'张火'——只准官家放火，不许百姓点灯"。重庆是西南商贸码头，餐馆历来众多，而出自骚人的市招比比皆是。用数字作招牌的很盛行，重庆有家火锅店叫"三六九"，生意火爆，惹得其他店也跟着取名叫"三六九"，久而久之，还真不知道哪家才是正宗的"三六九"。抗战时期，重庆的火锅最鼎盛，有名的火锅店如"云龙园"、"大乐天"、"桥头火锅"、"一四一"。名气大且店堂装饰讲究，味道正宗的要数"汉宫毛肚火锅馆"，终年都是"日暮汉宫吃火锅，家家扶得醉人归"的盛况；朝天门一家"红豆"火锅店，吹嘘自己"红豆生南国，毛肚最相思"。重庆人怕Y货，可竟有火锅店就取名叫"Y火锅"，言下之意为正火锅。重庆火锅伴人们度过了抗战艰难岁月，当时流行一首诗："朝天门，枇杷山，火锅小吃店，伴我八年度磨难，饭菜麻辣香，雾都印记难消散"。抗战时期，"陪都"重庆有一流行语是："前方抗战吃紧，后方有钱紧（尽）吃"。为追赶时尚，闹洋派，重庆流行喝咖啡。咖啡虽是舶来品，但抗战时期，重庆的咖啡店却比比皆是，拳头大一杯褐色带苦味的饮料，既不解渴又填不饱肚子，要价却高。很有生意头脑的"田五哥"，凭借自已曾在美军招待所当过几天"招待"的领班，学了一点煮咖啡的手艺，在会仙桥购房，开了一家咖啡店。门面虽不大，但两扇十色压花玻璃的弹簧大门却光泽耀眼，大门上面的招牌，是两颗红殷红殷的"心"紧挨着，在"心"下面是一排英文。汉宫咖啡馆的咖啡厅和茶室雇用女侍之风，复又在山城兴起，以绿呢制旗袍，佩戴章记，其风格自不亚于一般时髦女人。在七星岗有家"凯歌归"餐厅，经营西餐，进出的都是抗战时期的司机、飞虎队员、达官显贵，孔二小姐也是这儿的常客，只是常常赊账而已。抗战时期的司机很是吃香，人们常说："马达一响，黄金万两"，由于日军占领上海、武汉，从水路截断了"陪都"的物质供应，只能从香港，经广西、云南、贵州汽车运输到重庆，因此，司机成为抗战时期的有钱阶层。抗战时期，重庆的酒馆较多，大多以"醉"命名，如"醉东风"、"醉八仙"、"醉花荫"、"不醉无归"，招牌名雅俗共赏。重庆为交通枢纽之地，旅馆业发达，招牌习惯取"安"字，如"君安、大安、德安、永安、长安"，体现了出门在外，只求平安的愿望。因重庆居水码头，市招用"江"字的也不少，如"川江、嘉陵江、扬子江、岷江"。

汉宫吃火锅，家家扶得醉人归

　　金幌子、银招牌是靠多年的经营质量来获得的，而不是靠好听的招牌名字。民国三十六年，中山路某理发店，为吸引顾客，大打"吹风圣手"、"烫发专家"招牌，很是恶俗。有的商家为了推销商品，巧立名目，大打虚假招牌，欺骗消费者。商场的"大减价"是有许多猫腻的。遇到节假日、周年纪念，街头到处都悬挂着什么"跳楼价"、"血本无归"、"不计成本大削价"、"不惜血本大牺牲"、"忍痛廉价打八折"、"空前绝后大拍卖"等幌子。上海时装公司大减价七天，店门口挂着"跑穿鞋底，山城无敌，空前狂举，贱到透顶"等幌子。民权路街头挂满了红红绿绿的减价标志，但家家商店仍门可罗雀。观音岩一商店用红纸大书特书"涨价声中，贱价抛售，硬是相因，决不吹牛"。

　　五彩缤纷、形色纷呈的招幌展示了一个民族、地域的经济文化和审美情致，是城市风貌的窗口。

名人与广告

有句名言是:"推销商品而不做广告,犹如在黑暗中送秋波"。为招徕顾客,必大作宣传。正如母鸡下蛋后,总会喔喔大叫。商家巧借名人声誉,攀龙附凤,国人爱屋及乌,钟情于名人赞誉之物。因此,名人之于商品销售的影响,古已有之。司马相如之妻卓文君当垆卖酒,开创了美女广告的先河;一代枭雄曹操盛赞"唯有杜康",使"杜康"酒名传千古;乃至现代,商家更是重视名人效应。1889年,爱迪生发明了电影,因此造就和培养了一些电影明星,而这些电影明星很快被催生成商业广告明星。20世纪20年代,王人美、阮玲玉、胡蝶、徐来、袁美芸、陈燕燕、叶秋心、黎明晖为代表的上海"八大明星"美女,迅速以娇美动人的形象占领了广告市场。其中,以胡蝶最为著名,收益也最多。胡蝶的肖像先后为力士香皂、先施化妆品、福昌烟草公司使用。福昌公司生产的"蝴蝶牌"香烟广告云:"1933年之香烟大王;1933年之电影皇后。"上海家庭工业社出品的"无敌牌"各种化妆品,不仅用胡蝶的彩色照片做广告,还用了胡蝶手写的广告词:"禁止接吻,新搽了胭脂和唇膏呢。"更有甚者,"八大明星"与白虹、谈瑛、黎莉莉、胡萍等诸影星联袂为"无敌牌"系列化妆品做广告,百媚竞相,为一时之盛。袁美云为冠生园中秋月饼,王人美为广东兄弟橡皮公司的球鞋和上海家庭工业社出品的蝶霜与牙膏,白杨为振亚行的"美勃丹"药用香粉,秦怡为源昌绒线公司的"双猫牌"毛线做广告。电影明星还参加各种开业剪彩活动、政界娱乐活动;重庆大众商场恭请电影巨星黎莉莉女士、舒绣文女士举行开幕剪彩典礼;1936年,上海中国化学工业社为了宣传其"三星牙膏",请艺华影片公司为三星牌牙膏广告拍宣传片,由方沛霖导演,著名音乐家刘雪庵写了一首"探戈"舞曲《三星伴月》,即后来流行的《何日君再来》。南洋侨商胡文虎巧借蒋介石的语录,大作广告。抗战时期,重庆成为"陪都",万金油广告也随胡文虎来渝。各色各样的招贴、粉刷、霓虹灯广告,街头巷尾

先施公司促销活动

举目皆是。蓄意宣传万金油，胡文虎专聘人写广告词。针对国民党官员贪污成风，蒋介石提倡"新生活运动"举国转移风尚。胡文虎便在报纸上，以此为题刊出文字广告，大标题为"提倡新生活，必须揩油"，正文说"提倡新生活是好的，为使精神更加焕发，身体更加健康，应当好好揩点万金油"。有的放矢，幽默讽刺。这样的广告宣传，使万金油年销售高达200亿金，传奇式的"万金油大王"也使他成为南洋屈指可数的豪富巨商。现代学者林语堂曾经作过美国五十一型"派克"钢笔的形象代言人。林先生鼻架眼镜、西装笔挺，手拿一支五十一型的派克笔，广告词为"中国第一支健笔，他的思想，他的文笔，决非出自偶然，现在有了五十一型派克笔，名著源源出"。当抗战胜利，重庆相馆借用中美英苏法五大领袖相片，把蒋介石、杜鲁门、丘吉尔、戴高乐、斯大林的大二寸相片广告刊登在报纸上，其广告词为"用美国爱素纸晒印，贴置布纹相卡，中英译注。购齐五张者，赠罗斯福（像）一张，中外明星四张"。

冠生园的月饼广告

屈臣氏著名良药——痞积花塔饼

174

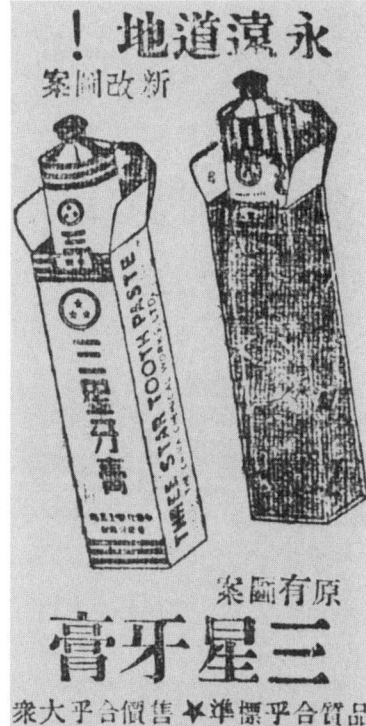

175

月份牌画是绘画（一般为美女）广告和年历相结合的商业产品形式，一般为中间是画而两边有日历表，画面上或下方印有厂家的广告，有的上下镶有铜条，有的方中国画面的装潢方式上

三星牙膏广告

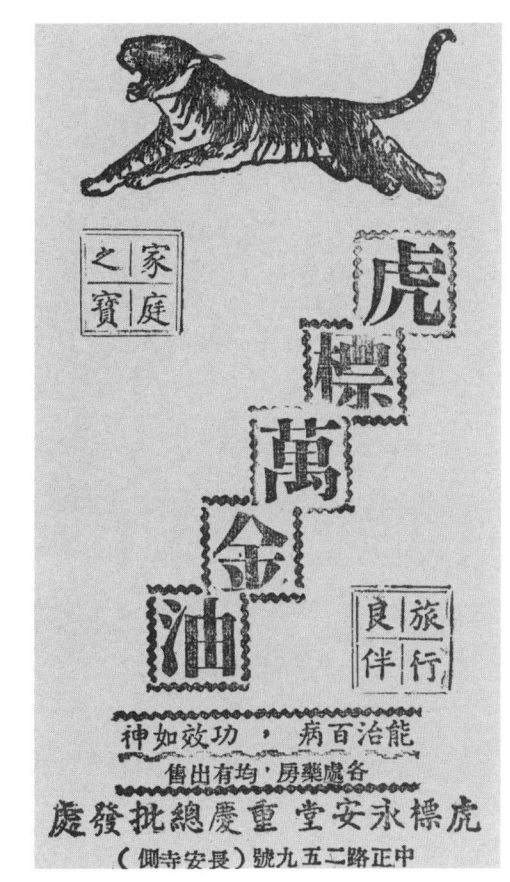

风靡中国之虎标万金油

五月明星座谈会

老广告

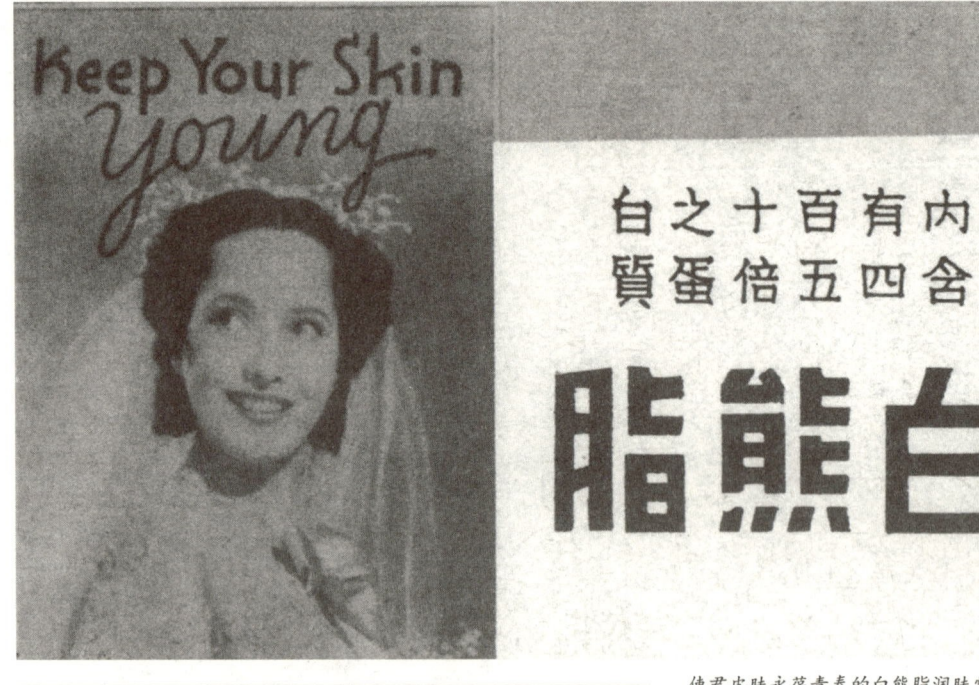

使君皮肤永葆青春的白熊脂润肤霜广告

抗战胜利尚未最后来到，喜庆的气氛已经开始蔓延。中国苏联文化协会（中苏文协）的文化沙龙，声称聘请纽约第二大酒店暨白宫的厨师主持饮馔，而且"播音设备业已竣事，经常播奏高尚音乐供君欣赏"，特别强调该处的特色是"西菜好，冷饮好"。

郭沫若与重庆"星临轩"招牌有一段佳话。抗战时期，郭沫若住在天官府。市区和平隧道附近的坡上有一小店，店主马星临，原来是重庆新民报的报贩，因卖报收入微薄，难于养家糊口，以后干脆不卖报了，全力经营小食店。由于食店价廉物美，又和新闻界有点联系，熟识的新闻界朋友常去光顾，还可以赊账。马星临经营的清真牛肉馆，五香牛肉、水晶包子、油炸牛肉、清炖牛肉、红烧牛肉，味道奇美。郭沫若一家住在"星临轩"附近，常光顾小店，曾留下墨宝："如享太牢，如登春台，此庐虽小，其味隽永"。有一次，郭沫若与卢子英前往马星临店喝酒，觉得店名不好，于是写下"星临轩"，语意隽永，深刻。

商家利用名人效应大肆广告，已成万古不变之定律。

177

月份牌画是绘画（多为"美女"广告和年历相结合的商业产品形式）一般为中间是画面，上下壤有铜条，两边"为日历表"。画面中国画的装裱方式上下方印有厂家的广告，一般"为有的上下壤有铜条有的方中画面的装裱方式上

香賓牌香煙

凡結婚宴
客須以
香賓牌香
煙敬客
方能得來
賓之滿意

SHIANG PIN CIGARETTES
GREAT EASTERN TOBACCO CO. LTD

中國大東煙草公司啓

香宾牌香烟广告

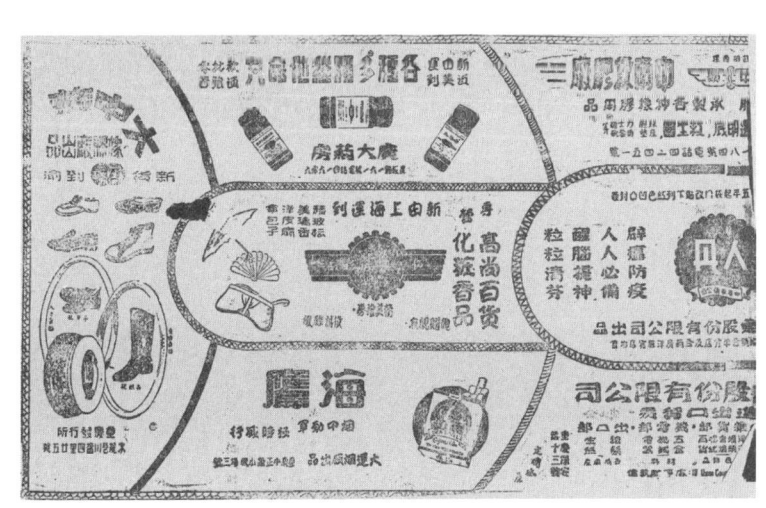

综合广告

后 记

　　鲟鱼每天将近生一万个蛋，而它是悄悄生的；母鸡每天生一个蛋，它却骄傲地喔喔高叫，所以，没有一个人吃鲟鱼的蛋，而几乎人人都要吃鸡蛋。商家要善于宣传自己，广告便是最好的手段。西方有一句谚语是"推销商品而不做广告，犹如黑暗里送秋波"。广告是商品社会司空见惯的现象，由叫卖到动画，唯媒介进步而已。经历人生几多秋冬的你，再见了老广告，冷眼看今朝，也许，会有几许波澜不惊。

　　本书在写作中，时时流露出艰涩，史料和图片鲜见。重庆自巴始便兴旺的商业。唯重庆民国工商史料可资借鉴，资源不丰，恐言之不立，自始而终犹惴惴。迫于种种原因，如今只好草草封笔，见笑于大方之家。

　　始终无法释怀的是雷昌德老师的帮助，他的扫描技术和认真态度使我轻松搜集完部分图片资料。同时，重庆话剧团的石曼先生，他增补了珍贵的图片资料，为本书增色不少。及重庆出版社美术中心的全体工作人员，他们的勤劳和智慧，方使本书得以按时完成。

《老重庆影像志》

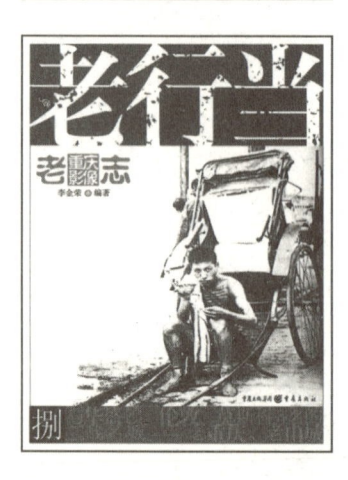

- 壹 老城门
- 贰 老房子
- 叁 老街巷
- 肆 老码头
- 伍 老地图
- 柒 老档案
- 捌 老行当
- 玖 老风尚
- 拾 老钱票